일본 명문 감상

한국외국어대학교 일본언어문화학부
교재편찬위원회 지음

개정판

일본 명문 감상

일본 명문을 감상하는 새로운 기준

名文鑑賞

한국외국어대학교 일본언어문화학부
교재편찬위원회 지음

HU:iNE

머리말

그동안 본 대학교에서 사용해오던 『일본 명문 감상』을 개정 출판하게 되었다. 이 교재는 중급 수준의 일본어를 학습할 수 있도록 만들어졌는데, 초급 일본어 교재로 사용하고 있는 『현대 일본어 첫걸음』에서 익힌 어법 및 어휘 문형을 이해한 후 중급 고급 수준의 다양한 문장을 접함으로써 근현대의 난해한 문장을 대하더라도 충분히 독해할 수 있는 학습 능력을 키워줄 것이다.

이 책은 일본의 수필 평론 소설 등 다양한 장르의 문장을 모아 엮었는데, 주로 문학과 문화 관련 내용을 담아서, 일본어 실력의 향상과 더불어 일본을 이해하는 능력을 키우는 데 있어서도 도움이 되도록 고려하였다.

본 교재는 모두 24과로 이루어져 있는데, 각 과에서는 본문과 함께 작자 소개, 한자 읽기, 문형 연습, 숙어 등을 정리하여 효율적인 학습과 지도에 편의를 도모하였고, 특히 한자 위에는 읽는 법을 가나로 표기해놓아서 독학하는 사람도 편리하게 이용할 수 있도록 신경을 썼다.

또 하나 달라진 점은, 지난 교재를 사용하면서 느꼈던 난이도와 문체의 문제점을 해소하기 위해서 어려운 문장을 좀 더 쉬운 문장으로 바꾸었고, 예스러운 표현이 많았던 문체상의 문제도 해결하고자 노력하였다. 다만 문어체 문장도 일부 유지하였는데, 그것은 현대 일본어에서도 아직 문어체 문장이 쓰이는 경우가 있으므로 어느 정도는 학습해 두는 것이 수준 높은 일본어를 이해하는 방법이 될 것으로 생각했기 때문이다.

본 교재편찬위원회에서는 일본어 학습과 지도에 더 나은 교재가 되도록 적절한 문장을 선택하고 난이도를 고려하면서 구성하였으나 그래도 부족한 점이 남아있을 것으로 생각된다. 이 책을 사용하시는 분들의 많은 조언을 통해 개선해나가도록 노력하겠다.

끝으로 이 교재가 나오기까지 노고를 아끼지 않으신 여러분들에게 감사를 드리며, 이 책을 사용하는 학습자들에게도 많은 발전이 있기를 바라마지 않는다.

2021. 12.

한국외국어대학교 일본언어문화학부 교재편찬위원 일동

차례

1

第一課

孤独

亀井勝一郎

われわれが孤独感をいだきはじめるのは、いつごろからであろうか。だれしも思いあたるように青春時代である。

いわゆる第二の誕生日 — そのときはじめて孤独の意識を明瞭にもつであろう。すなわちおのれの生き方を求めようとする欲求の起こったときだ。その理由は、人生が未知であることにもとづく。

むろん多くの先人の教えはあり、人生を説いた書もすくなくはないが、それを生かしていくのはけっきょく自分自身であり、ただひとたびのいのちをなにものかに賭して人間は生を終えるのだ。

しかもそういう一生は、あらかじめはっきりきまっているものではないし、自分の将来の図式はどこにも書かれていない。どういう本を読んでも、どういう人の教えを聞いても、自分のなにものであるかを明確に予知することはできないであろう。未知の世界にはじめて目を開いて、そして生きてゆかなければならない。自分の歩むべき道というものはなくて、自分の歩いたところがそのまま道になる。そういう不安定にむかって進んでいかなければならぬ。新しい運命をきりひらいていく。それを真剣に考えるとき、われわれは孤独をあじわうのである。

むろん孤独というものは、かならずしもひとりぼっちでいるという意味ではない。それは人間と人間とのあいだに起こる。親、兄弟、その他多くの友人あるいは一般社会の人、そういうもののなかにあって、はじめて孤独感をいだく。なぜなら人生を生きるとは人間のあいだを生きていくということだからだ。多くの生命の流れのなかに、おのれの生をかけることだからだ。しかも、安んじて自分の身を託すに足るものの見つからない焦燥不安 — ここに青春がある。孤独の感じをいちばんさきにわれわれに味わわせるものは、幸か、不幸か自分にとって最も親しい者である。常識からいえば、親しく愛し合っているあいだがらでは、かならず自分の行くべき道について、理解をもち、みちびきを与えてくれると思うのが当然であろう。

しかしどんな親しい者であっても、ひとりの人間の生き方というものを明確に示すことはできるものではない。はじめのあいだ、われわれは師や両親や友人に期待する。また師や両親のほうでも、心からみちびき教えようと心を労するのは当然である。しかし、自分の未来のことごとくをそこに期待するのは、期待するほうがむりなのだ。小児の手をひくように人生をみちびいていってくれる人はない。

われわれは青春時代、はじめて道を求めんとするとき、つい周囲の親しい人にすがりつく。いろいろ相談する場合もある。しかしどうしてもまんぞくな答えを得ることができない。かえって親しい者のあいだにおいて孤独を感ずる。肉親や師にそむくことさえしばしばある。人生の荒波を渡る孤舟 — これが人間の姿だ。

作者：亀井勝一郎(かめい　かついちろう・1878-1935)

評論家。函館市生まれ。東京大学美学科退学。『転形期の文学』『人間教育』『大和古寺風物誌』『現代史の課題』。

漢字の読み方

孤独感(こどくかん)	青春時代(せいしゅんじだい)	所謂(いわゆる)	意識(いしき)
明瞭(めいりょう)	欲求(よっきゅう)	未知(みち)	先人(せんじん)
賭(と)す	将来(しょうらい)	図式(ずしき)	明確(めいかく)
予知(よち)	世界(せかい)	歩(あゆ)む	不安定(ふあんてい)
運命(うんめい)	真剣(しんけん)	味(あじ)わう	一般社会(いっぱんしゃかい)
安(やす)んじる	託(たく)す	足(た)る	焦燥不安(しょうそうふあん)
幸(こう)	不幸(ふこう)	最(もっと)も	親(した)しい
常識(じょうしき)	師(し)	労(ろう)する	小児(しょうに)
肉親(にくしん)	荒波(あらなみ)	孤舟(こしゅう)	

文型

(1) なぜなら人生を生きるとは人間のあいだを生きていくということだからだ。

- ·「いちもくおく」**とは**、どういう意味ですか。
- ·アイドル**とは**彼女みたいな人だろう。
- ·学問**とは**、こんな面白いものだと思わなかった。
- ·忘却(ぼうきゃく)**とは**、忘れ去ることである。
- ·人間**とは**考える動物であるといえる。

(2) われわれは青春時代はじめて道を求めんとするとき……。

- ·発表(はっぴょう)せんとするところである。
- ·小説家たら**んとして**上京(じょうきょう)した。

· いたずらをやめ**んとしない**。

· 花をつま**んとしても**手がとどかない。

· 今まさに大木(たいぼく)が倒れ**んとしている**。

(3) 肉親や師にそむくことさえしばしばある。

· 大人の私に**さえ**分からないことをあの子に分かるはずがない。

· 生きる値打(ねうち)もないと**さえ**思っている。

· まんじり**さえ**しないで一夜(いちや)を明かしました。

· 新聞**さえ**ゆっくり読んでいられないほど忙(いそが)しい。

· 家族に**さえ**知らせずに、旅に出ました。

第二課

雨傘

川端康成

濡れはしないが、なんとはなしに肌の湿る、霧のような春雨だった。表に駈け出した少女は、少年の傘を見てはじめて、

「あら。雨なのね?」

少年は雨のためよりも、少女が坐っている店先を通る恥ずかしさを隠すために、開いた雨傘だった。

しかし、少年は黙って少女の体に傘をさしかけてやった。少女は片一方の肩だけを傘に入れた。少年は濡れながら、おはいりと、少女に身を寄せることが出来なかった。少女は自分も片手を傘の柄に持ち添えたいと思いながら、しかも傘のなかから逃げ出しそうにばかりしていた。

二人は写真屋へ入った。少年の父の官吏が遠く転任する。別れの写真だった。

「どうぞお二人でここへお並びになって」と、写真屋は長椅子を指したが、少年は少女と並んで坐ることが出来なかった。少年は少女のうしろに立って、二人の体がどこかで結ばれていると思いたいために、椅子を握った指を軽く少女の羽織に触れさせた。少女の体に触れた初めだった。その指に伝

わるほのかな体温で、少年は少女を裸で抱きしめたような温かさを感じた。

一生この写真を見る度に、彼女の体温を思いだすだろう。

「もう一枚いかがでしょう。お二人でお並びになったところを、上半身を大きく。」

少年はただうなずいて、

「髪は?」と、少女に小声で言った。少女はひょいと少年を見上げて頬を染めると、明るい喜びに眼を輝かせて、子供のように、素直に、ばたばたと化粧室へ走って行った。

少女は店先を通る少年を見ると、髪を直す暇もなく飛び出して来たのだった。海水帽を脱いだばかりのように乱れ髪が、少女は絶えず気になっていた。しかし、男の前では恥ずかしくて、後毛を掻き上げる化粧の真似も出来ない少女だった。少年はまた髪を直せと言うことは少女を辱しめると思っていたのだった。

化粧室へ行く少女の明るさは、少年をも明るくした。その明るさの後で、二人はあたりまえのことのように、身を寄せて長椅子に坐った。

写真屋を出ようとして、少年は雨傘を捜した。ふと見ると、先に出た少女がその傘を持って、表に立っていた。少年に見られてはじめて、少女は自分が少年の傘を持って出たことに気がついた。そして少女は驚いた。なにごころないしぐさのうちに、彼女が彼のものだと感じていることを現わしたではないか。

少年は傘を持とうと言えなかった。少女は傘を少年に手渡すことが出来なかった。けれども写真屋へ来る道とはちがって、二人は急に大人になり、夫婦のような気持ちで帰って行くのだった。傘についてのただこれだけのことで —。

作者：川端康成(かわばた　やすなり・1899-1972)

小説家。大阪生まれ。東京大学卒。『伊豆(いず)の踊子(おどりこ)』『浅草紅団(あさくさくれないだん)』『禽獣(きんじゅう)』『雪国(ゆきぐに)』『古都(こと)』『山の音』など。新感覚派。

漢字の読み方

雨傘(あまがさ)	濡(ぬ)れる	肌(はだ)	湿(しめ)る
霧(きり)	春雨(はるさめ)	駆(か)け出(だ)す	少女(しょうじょ)
店先(みせさき)	黙(だま)る	片一方(かたいっぽう)	片手(かたて)
柄(え)	写真屋(しゃしんや)	官吏(かんり)	転任(てんにん)
長椅子(ながいす)	握(にぎ)る	指(ゆび)	羽織(はおり)
触(ふ)れる	裸(はだか)	抱(だ)きしめる	度(たび)
上半身(じょうはんしん)	小声(こごえ)	頬(ほお)	染(そ)める
素直(すなお)	化粧室(けしょうしつ)	暇(ひま)	海水帽(かいすいぼう)
乱(みだ)れ髪(がみ)	後毛(おくれげ)	掻(か)き上(あ)げる	真似(まね)
辱(はずか)しめる	捜(さが)す	夫婦(ふうふ)	

文型

(1) 濡れはしないが、なんとはなしに…。

・それぐらいのことで**おこりはしない**だろう。

・それほどのことで**しかりはしない**でしょう。

・老人はその手紙を**見もしない**で、破り捨ててしまった。

・主人(しゅじん)は**読めもしない**のに、フランス語の本を買って来ました。

(2) 霧のような春雨だった。

・まだ4月なのに、夏の**ような**暑さだ。

・コーラの**ような**冷たいものが飲みたい。

・この辺(へん)は田舎(いなか)の**ように**静かです。

・彼女の頬はりんごの**ように**赤かった。

熟語

身を寄せる

3

第三課

科学者とあたま

寺田虎彦

いわゆる頭のいい人は、言わば足の早い旅人のようなものである。人より先に人のまだ行かない所へ行き着くこともできる代わりに、途中の道ばたあるいはちょっとしたわき道にある肝心なものを見落とす恐れがある。頭の悪い人、足ののろい人がずっとあとからおくれて来てわけもなくそのだいじな宝物を拾って行く場合がある。

頭のいい人は、言わば富士のすそ野まで来て、そこから頂上をながめただけで、それで富士の全体をのみ込んで東京へ引き返すという心配がある。富士はやはり登ってみなければわからない。

頭のいい人は見通しがきくだけに、あらゆる道筋の前途の難関が見渡される。少なくも自分でそういう気がする。そのためにややもすると前進する勇気を阻喪しやすい。頭の悪い人は前途に霧がかかっているためにかえって楽観的である。そうして難関に出会っても存外どうにかしてそれを切り抜けて行く。どうにも抜けられない難関というのはきわめてまれだからである。

それで、研学の徒はあまり頭のいい先生にうっかり助言を請うてはいけない。きっと前途に重畳する難関を一つ一つしらみつぶしに枚挙されてそうして自分のせっかく楽しみにしている企図の絶望を宣告されるからである。委細かまわず着手してみると存外指摘された難関は楽に始末がついて、指摘されなかった意外な難点に出会うこともある。

頭のよい人は、あまりに多く頭の力を過信する恐れがある。その結果として、自然がわれわれに表示する現象が自分の頭で考えたことと一致しない場合に、「自然のほうが間違っている」かのように考える恐れがある。まさかそれほどでなくても、そういったような傾向になる恐れがある。これでは自然科学は自然の科学でなくなる。一方でまた自分の思ったような結果が出たときに、それが実は思ったとは別の原因のために生じた偶然の結果でありはしないかという可能性を吟味するというだいじな仕事を忘れる恐れがある。

頭の悪い人は、頭のいい人が考えて、はじめからだめにきまっているような試みを、一生懸命につづけている。やっと、それがだめとわかるころには、しかしたいてい何かしらだめでない他のものの糸口を取り上げている。そうしてそれは、そのはじめからだめな試みをあえてしなかった人には決して手に触れる機会のないような糸口である場合も少なくない。自然は書卓の前で手をつかねて空中に絵を描いている人からは逃げ出して、自然のまん中へ赤裸で飛び込んで来る人にのみその神秘の扉を開いて見せるからである。

頭のいい人には恋ができない。恋は盲目である。科学者になるには自然を恋人としなければならない。自然はやはりその恋人にのみ真心を打ち明けるものである。

科学の歴史はある意味では錯覚と失策の歴史である。偉大なる迂愚者の頭の悪い能率の悪い仕事の歴史である。

頭のいい人は批評家に適するが行為の人にはなりにくい。すべての行為には危険が伴うからである。けがを恐れる人は大工にはなれない。失敗をこわがる人は科学者にはなれない。科学もやはり頭の悪い命知らずの死骸の山の上に築かれた殿堂であり、血の川のほとりに咲いた花園である。一身の利害に対して頭がよい人は戦士にはなりにくい。

頭のいい人には他人の仕事のあらが目につきやすい。その結果として自然に他人のする事が愚かに見え、従って自分がだれよりも賢いというような錯覚に陥りやすい。そうなると自然の結果として自分の向上心にゆるみが出て、やがてその人の進歩が止まってしまう。頭の悪い人には他人の仕事がたいていみんな立派に見えると同時に、またえらい人の仕事でも自分にもできそうな気がするので、おのずから自分の向上心を刺激されるということもあるのである。

作者：寺田虎彦(てらだ　とらひこ・1878-1935)

物理学者(ぶつりがくしゃ)。随筆家(ずいひつか)。俳人。高知県(こうちけん)出身。寅年(とらどし)寅の日に誕生したので筆名(ひつめい)も虎日子(とらひこ)。二十歳に学生結婚するが、二十五歳の時死別(しべつ)。その後再婚するも四十三歳の時またもや死別。その翌年(よくとし)、再々婚。幸い今度は妻に先立(さきだ)たれることはなかった。夏目漱石(なつめそうせき)の『吾輩(わがはい)は猫である』の水島寒月(みずしまかんげつ)や『三四郎(さんしろう)』の野々宮宗八(ののみやそうはち)のモデルともいわれる。関東大震災(かんとうだいしんさい)の後、「天災は忘れた頃に来る」という名言(めいげん)を残した。

漢字の読み方

旅人(たびびと)	途中(とちゅう)	肝心(かんじん)	宝物(たからもの)
富士(ふじ)	頂上(ちょうじょう)	道筋(みちすじ)	前途(ぜんと)
難関(なんかん)	前進(ぜんしん)	勇気(ゆうき)	阻喪(そそう)
存外(ぞんがい)	研学(けんがく)	徒(と)	助言(じょげん)
請(こ)う	重畳(ちょうじょう)	枚挙(まいきょ)	企図(きと)
絶望(ぜつぼう)	宣告(せんこく)	委細(いさい)	着手(ちゃくしゅ)
始末(しまつ)	意外(いがい)	難点(なんてん)	過信(かしん)
表示(ひょうじ)	現象(げんしょう)	一致(いっち)	傾向(けいこう)
偶然(ぐうぜん)	吟味(ぎんみ)	試(こころ)み	糸口(いとぐち)

書卓（しょたく）	空中（くうちゅう）	赤裸（あかはだか）(赤裸（せきら）)	神秘（しんぴ）
扉（とびら）	盲目（もうもく）	真心（まごころ）	錯覚（さっかく）
失策（しっさく）	偉大（いだい）	迂愚者（うぐしゃ）	能率（のうりつ）
批評家（ひひょうか）	行為（こうい）	伴（とも）う	大工（だいく）
命知（いのちし）らず	死骸（しがい）	築（きず）く	殿堂（でんどう）
花園（はなぞの）	利害（りがい）	戦士（せんし）	他人（たにん）
粗（あら）が目（め）	賢（かしこ）い	陥（おちい）る	向上心（こうじょうしん）
進歩（しんぽ）	刺激（しげき）		

文型

(1) **言わば**足の早い旅人のようなものである。

- 彼とは**いわば**家族のような関係だ。
- **いわば、**社員食堂（しゃいんしょくどう）は福利厚生（ふくりこうせい）の一環である
- 彼女は一日中（いちにちじゅう）家事をしている、**いわば**専業主婦（せんぎょうしゅふ）ってやつだね。
- 渋谷（しぶや）や原宿（はらじゅく）は、**いわば**日本の若者のメッカだ。

(2) 偶然の結果であり**はしないか**という可能性を吟味するというだいじな仕事を忘れる恐れがある。

- そんなところにも目を向ける必要がありは**しないか**。
- せっかく重ねてきた練習が、たった1試合の苦（にが）い思い出を残すだけになり**はしないか**。
- 相手の主張を認めることになり**はしないか**。
- 感染者（かんせんしゃ）が再（ふたた）び増（ふ）え**はしないか**。

(3) しかしたいてい何かしらだめでない他のものの糸口を取り上げている。

· そのせいか、私を訪ねてくるのは**何かしら**「叱(しか)られたい」と思ってくる人が少なくありません。

· みんな**何かしら**人生のなかでハンディを抱(かか)えているような人ばかりです。

· みんな**何かしら**そういう遊びをやっていたんですね。

· 同じ形式(けいしき)でやるより**何かしら**形(かたち)を変えましょう。

(4) 科学もやはり頭の悪い命知らずの死骸の山の上に築かれた殿堂であり、

· マスクをつけない、マスクをはずす**命知らず**！

· **恩知らず**と罵声(ばせい)を浴(あ)びせられた。

· 若かったあの頃、私はあまりにも未熟(みじゅく)で**世間(せけん)知らず**だった。

· その**恥(はじ)知(し)らず**の口を閉(と)じろ！

熟語

粗(あら)が目(め)につく　　罵声(ばせい)を浴(あ)びる

4

第四課

旅の俳人

二反長半

古池やかわず飛び込む水の音

あたりは、うっそうとしげった林で、草ぼうぼうの土手は、くずれかかっていた。古池が、梅雨空の下に、水草をうかせてよどんでいる。

トボン!

静かな空気をひびかせて、一ぴきのカエルがその古池に飛びこみ、そのままずがたを消した。後はまた、なに一つ音もしない静けさだ。なんとすばらしい自然だろう。心をすませてくれる水の音だけがひびいた。有名な俳句[①]である。作者は、旅の俳人といわれた江戸時代の松尾芭蕉[②]である。

芭蕉は四十一歳(一六八四年)から五十一歳(一六九四年)で亡くなるまで、その十年間に、六回も長い旅に出ている。そのたびに書き記したのが、『野晒紀行』『更科紀行』『奥の細道』そのほかであるが、中でも、『奥の細道』はとくにすぐれた紀行文とされて、教科書にもさかんに採用されている。

一六八九年の春に、深川の芭蕉庵[③]を出発して、日光、松島、平泉、それから象潟(秋田県)をたずね、北陸道をたどって、金沢から福井にはいり、秋に、美濃(岐阜県南部)の大垣に着いている。その間の自然、人情、風俗そのほかを美しく味わいある文章でつづり、わびをうきあがらせている。

旅に出る前、芭蕉は、かならず、自分で、ももひきのやぶれをつくろったり、かさのひもをつけかえたりした。そして、なにしろ長い旅のことだから、足がじょうぶでなければこまる。そのために、ひざの下に、お灸をすえるのだった。

『奥の細道』の旅にも、同じ用意をし、それができあがると、三月の二十七日に、満開のサクラの江戸を後にして、門弟の曾良④を連れて、二人で芭蕉庵を出発したのだった。

出かけるとき、芭蕉は、見送る親しい友や弟子たちに、こんな句をつくっておくった。

ゆく春や鳥なき魚の目はなみだ

(春はもう過ぎようとしている。春との別れをおしむ鳥や魚の目になみだが光っているなあ。それと同じようにみなさんと別れて江戸を出て行くわしもさびしいわい。)

芭蕉も曾良も、せなかに紙でつくった衣の紙子⑤やそのほかいろいろな旅の道具をせ負っていた。が、なによりもたいせつなのは、筆と墨であった。

その年、芭蕉は、四十六歳だったが、年よりもふけて、それだけの荷物をせ負ったすがたは、いたいたしく見えた。とはいえ、好きな長い旅に出るのだ。しかも、ぜひ行ってみたいと願っていた東北から北陸へかけてである。芭蕉は心がおどってならず、曾良に言った。

「のう、曾良や、楽しい旅じゃの。ほら、もう、あんなめずらしい花が、風に吹かれて、そよそよ、わしらをまねいているようじゃないか。」

「ほんに、すばらしいけしきでございまする。先生、一句を。」

そして、たがいに心にうつる感情を、五、七、五の句に表し、見せ合

い、よみ合い、

「いい旅じゃ、いい句じゃ。」

とっととっとと、また足を速めるのであった。

作者：二反長半(にたんおさ　なかば・1907-1977)

小説家、児童文学家、教師。大阪府茨木市生まれ。法政大学卒。

注

① 俳句: 連歌の発句が独立したもので、五·七·五の十七音節で完結する短詩型。

② 松尾芭蕉(1644-1694): 俳人。伊賀上野(三重県)生まれ。『野晒紀行』『笈の小文』『更科紀行』『奥の細道』『嵯峨日記』『猿蓑』など。蕉風俳諧を樹立。

③ 芭蕉庵: 1680年、芭蕉37才の時、門人杉山杉風の深川六間堀にある別荘に移り住み、はじめて定住の所を得る。そこを芭蕉庵と号する。

④ 曾良(1649-1710): 俳人。信濃の国諏訪郡生まれ。『曾良旅日記』 など。蕉門十哲の一人。

⑤ 紙子: 紙でつくった衣服。元禄（1688−1704）のころに流行した。

漢字の読み方

俳人（はいじん）	古池（ふるいけ）	蛙（かわず）	土手（どて）
梅雨空（つゆぞら）	水草（みずくさ）(水草（すいそう）)	江戸時代（えどじだい）	書き記す（かきしるす）
野晒紀行（のざらしきこう）	更科紀行（さらしなきこう）	奥の細道（おくのほそみち）	紀行文（きこうぶん）
教科書（きょうかしょ）	採用（さいよう）	深川（ふかがわ）	芭蕉庵（ばしょうあん）

日光(にっこう)	松島(まつしま)	平泉(ひらいずみ)	象潟(きさかた)
北陸道(ほくりくどう)	金沢(かなざわ)	福井(ふくい)	美濃(みの)
大垣(おおがき)	着(つ)く	風俗(ふうぞく)	お灸(きゅう)
用意(ようい)	弟子(でし)	満開(まんかい)	門弟(もんてい)
魚(うお)	衣(ころも)	紙子(かみこ)	筆(ふで)
墨(すみ)	四十六歳(よんじゅうろくさい)	荷物(にもつ)	一句(いっく)
速(はや)める			

文型

(1) 草ぼうぼうの土手は、くずれかかっていた。

· 沈(しず)み**かかった**船から、乗客(じょうきゃく)たちが次々とボートに乗り移った。

· 交通事故(こうつうじこ)で死に**かかったんですが**、幸(さいわ)いこのように元気になりました。

· 散り**かかった**桜の花びらを帽子(ぼうし)に受けた。

· 学校の前を通り**かかっていると**、学生たちがサッカーをしていた。

(2) なんとすばらしい自然だろう。

· なんときれいな花**だろう**。

· なんと美しい人**だろう**。

· なんと立派な庭**であろうか**。

(3) たがいに心に映る感情を、見せ合い、よみ合い、

· 皆で少しずつお金を出し**合って**、地図(ちず)を買った。

· その事は皆で話し**合って**決めた方がいい。

· その話を聞いて、山田さんと私は喜び**合った**。

· どんなきっかけであの二人が知り**合ったか**分からない。

· 同じ文化・同じ言語を共有(きょうゆう)する二人でさえ理解し**あう**のは容易(ようい)ではない。

熟語

すがたを消す　　灸をすえる　　心がおどる

5

第五課

サラダの謎

中谷宇吉郎

私はごく普通のフランス風のサラダが好きである。レタスとトマトを、酢とオリーブ油でドレスしただけの簡単なサラダのことである。洋食は、一般にいってあまり好かないが、このサラダだけは例外で、食卓に出ていると、つい先に手が出る。

ものの好き嫌いなどというものは、たいてい子供の頃か、せいぜい二十代までの生活環境できまるものらしい。私がこのサラダを好きになったのは、若い頃、もう三十年も昔のことであるが、ロンドンに留学していた頃に、下宿で毎晩非常にうまいサラダを食わされたのが、今日まで後をひいているようである。

大学を出て、三年間理研①で、寺田寅彦先生の助手をつとめていたが、北海道大学に理学部が出来ることになって、急に文部省の留学生として、ロンドンへ留学することになった。

ロンドン人は、人づき合いが悪く、世界で一番英語の通じないところは、ロンドンだといわれている。そこへまだ三十前の、しかも日本でも田舎育ちの若い者が、突如として放り出されたのであるから、ずいぶん心細い思いをした。しかし幸いなことに、非常に運がよくて、思いがけなくよい下宿にめぐり合い、それですっかり落ちつくことができた。

家はロンドン郊外の住宅地にあって、主人はオーチス・エレベーター会社の技師長であった。そんな家は一般にいって、東洋人などは家に入れてくれないのであるが、そこの夫人がフランス人であった。そして日本に好意をもっていたようで、親身になって世話をしてくれた。

その夫人が、料理自慢の人であって、毎晩たいへんな御馳走をつくってくれた。英国のことであるから、先祖代々伝わったオークの立派な食卓で、毎晩家族一同が、きちんと着物を着かえて、晩餐の卓につく。今から考えてみれば、英国人へ嫁したフランス婦人の気持が、その蔭にあったのかもしれないが、当時はそんなことがわかるはずもなく、毎晩たいへんな御馳走でびっくりしていた。

そのなかでも、とくに印象に残ったのが、サラダである。レタスとトマト、あるいはレタスとセロリのサラダであって、そのレタスが非常にうまかった。記憶が確かでないが、一年中新鮮なレタスがあったような気がする。現在のように「輸送農業」が発達したアメリカならば、別に不思議な話でもないが、当時のロンドンで、年中新鮮なレタスがあったのは、ちょっと不思議な気もする。

それはあるいは記憶ちがいだったかもしれないが、とにかくこのサラダが非常にうまかったことは、事実である。キングス・カレッジの地下室で、一日中身にこたえる高真空の実験に気を張りつめ、くたくたになって帰って来る。そういうときには、肉類よりも、まずこのサラダに手が出るのであった。

それと今一つは、当時の日本の経済状態も、一つの要因をなしていた。清浄野菜などは夢にも考えられなかった時代のことである。寄生虫の心配なしに、生の野菜がばりばり食べられるということで、何だか別の世界へ来たような気がしていた。

実験の都合で、まれには午後早く帰ることもあった。そういうときに、或日のこと、台所へちょっと顔を出したことがある。そしたらその夫人が、晩餐のサラダをせっせとつくっていた。レタスは手でちぎらなければならないような料理学の初歩を、そのとき初めて知った。

それよりも不思議だったのは、レタスを木鉢に一杯入れたあと、何か石鹸のかけらみたようなものを、パンの切れはしにこすりつけて、それをサラダの中に入れたことであった。そういえば、毎晩の食卓で、サラダ鉢の中に、パンの切れはしがはいっていたが、これは皿にはつけないものであった。何かあのおまじないが、サラダをおいしくするこつのように思われて仕方がなかった。しかし男が料理のことなどきくものではないと思っていたので、別にたずねてもみなかった。

その後、日本へ帰って、北海道で家をもってみたら、毎日の食事が問題になってきた。北海道では料理の材料が、われわれ子供の頃から育ってきた環境のものとは、だいぶちがっていたからである。それで思い出したのが、ロンドンで毎日食べていた、フランス風のサラダである。

北海道の気候は、ああいう西洋風の野菜の栽培には適しているはずである。しかし市場にあるものでは、下肥を使ったかもしれないという心配が大いにある。それで庭の一部に小さい畑をつくって、そこで妻がレタスをつくることになった。レタスなどつくってみれば、何でもないもので、デパートから買ってきた種を蒔き、油かすを入れておけば、結構立派なレタスが出来た。当時の札幌は案外ハイカラな街であったらしく、ヴィネガーもオリーブ油も、簡単に手にはいった。

それで待望のサラダがつくられたわけであるが、食べてみると、どうも昔の味がしない。材料は全部同じもので、別に煮たきするわけでもないのに、味がまるで違っている。ヴィネガーと油と塩と辛子とを、いろいろ分量をかえてみても、やはり駄目である。結局これはあの石鹸のかけらをパン切れにこすりつけるおまじないに、何か特別の意味があるらしいということになった。

それで妻は、同僚の夫人たちのうちで、外国生活をした経験のある人たちに、折があるごとに、この「石鹸の謎」を聞いてみたらしいが、その謎はついに解かれなかった。その間三十年かかったわけである。

ところで今年になって、この三十年越しの「サラダの謎」が、いとも簡単に解けてしまった。それは次女が欧州から帰って来て、「パパの石鹸の謎がわかったわ、あれはにんにくだったのよ」と、一遍に片付けてくれたからである。

この娘は、絵の勉強と称して、パリとマドリッドとに、二年間行っていたが、この夏アメリカへ帰って来て、グリーンランド帰りの親爺の世話を、目下しているわけである。パリで友だちの家の娘さんが、サラダをつくるときに、にんにくをパンの固い切れはしでこすって、それを入れているのを見て、昔のパパの話を思い出したというのである。なるほどにんにくならば、安石鹸のかけらと同じような灰白色をしている。それから西洋には、わさびおろしのような便利な機械がないので、ひからびたパン切れを、わさびおろしの代わりに使っているわけである。

これで三十年越しの謎が解けたので、ヨーロッパへ二年間やっておいただけの値打ちはあった、といったら、娘は大いに不服のようであった。しかし気はやさしいらしく、その後、思いなおして、毎日このサラダをつくってくれている。

レタスの水切りをして、手で適当にちぎって、それを冷蔵庫の中に入れておく。夕食直前にそれを冷蔵庫から出して、おまじないをして、食卓に出してくれる。冷蔵庫の中で冷やされたレタスは、パリパリと歯切れがよい。物質文明の進歩も、まんざら棄てたものではないと、親爺は満足している。

作者：中谷宇吉郎(なかや　うきちろう・1900-1962)

物理学者。随筆家。石川県出身。北海道大学理学部教授。寺田虎彦の門下生。世界初となる人工雪の製作に成功した。自身の研究を含め、科学を一般の人々に分りやすく伝える方法としても随筆をよくした。「雪は天から送られた手紙である」という言葉を残したことで知られる。

注

① 理研(りけん): 理化学研究所(りかがくけんきゅうしょ(じょ)、英語名: RIKEN)は、日本で唯一(ゆいいつ)の自然科学の総合研究所(そうごうけんきゅうじょ)として、物理学、工学、化学、数理・情報科学、計算科学、生物学、医科学などに及ぶ広い分野で研究を進めている。

漢字の読み方

謎(なぞ)	酢(す)	オリーブ油(ゆ)	例外(れいがい)
食卓(しょくたく)	好(す)き嫌(きら)い	下宿(げしゅく)	毎晩(まいばん)
助手(じょしゅ)	文部省(もんぶしょう)	田舎育(いなかそだ)ち	突如(とつじょ)
放(ほう)り出(だ)す	心細(こころぼそ)い	郊外(こうがい)	住宅地(じゅうたくち)
技師長(ぎしちょう)	東洋人(とうようじん)	夫人(ふじん)	親身(しんみ)
世話(せわ)	御馳走(ごちそう)	英国(えいこく)	着(き)かえる
晩餐(ばんさん)の卓(たく)	嫁(か)する	婦人(ふじん)	蔭(かげ)
輸送農業(ゆそうのうぎょう)	高真空(こうしんくう)	清浄(せいじょう)	寄生虫(きせいちゅう)
或日(あるひ)	初歩(しょほ)	木鉢(きばち)	石鹸(せっけん)
気候(きこう)	下肥(しもごえ)	畑(はたけ)	蒔(ま)く
街(まち)	待望(たいぼう)	辛子(からし)	同僚(どうりょう)
次女(じじょ)	欧州(おうしゅう)	一遍(いっぺん)	親爺(おやじ)
目下(もっか)	灰白色(かいはくしょく)	乾涸(ひから)びる	大(おお)いに
水切(みずき)り	冷蔵庫(れいぞうこ)	歯切(はぎ)れ	進歩(しんぽ)

文型

⑴ それと今一つは、当時の日本の経済状態も、一つの要因をなしていた。

・ひとつは病気などの災難をもたらす神様、それと**いまひとつは**災難を避(よ)けてくれる神様。

・それと**いまひとつ**、これは編集スタッフの大事な仕事ですが、

・ひとつは、他のひとのためになにか役立(やくだ)つということであり、**いまひとつは**自己実現(じこじつげん)できるということである。

・**いまひとつは**、二十一世紀という新たな世紀のはじまりとしての意味です。

⑵ 折があるごとに、この「石鹸の謎」を聞いてみたらしいが、その謎はついに解かれなかった。

・**折りあるごとに**面接の時の進言(しんげん)として、「自分の言葉で話してごらん。」といった言葉を聞きます。

・**折ある毎(ごと)に**勧業博覧会(かんぎょうはくらんかい)及その他の集会をここに開催した。

・**折あるごとに**自分の学生時代の話をした。

・祖父(そふ)が**折ある毎に**自分に口伝(くちづた)えしていた長州人(ちょうしゅうじん)の血脈。

⑶ 物質文明の進歩も、まんざら棄てたものではないと、親爺(おやじ)は満足している。

・僕も**まんざら捨てたもんじゃない**ですね。

・この世の中、**まんざら捨てたものではない**。

・トランプ氏は支持者たちから「ノーベル賞！」と連呼(れんこ)され、**まんざらでもない**表情を浮かべていた。

・「昼飯(ひるめし)も食えなくてさ、参(まい)っちゃったよ」とどこか**まんざらでもなさそうな**上司(じょうし)。

6

第六課

後の祭り

山之口貘

この間の朝、裏の井戸端へ顔を洗いに行くと、近所の人に出会したので、「おはようございます。」と、ぼくは挨拶した。すると、その人は、にこにこ顔をして、「今朝は、お早いですね。」と言った。

つまり、近所の人々も、寝坊のぼくのことを知っているわけなのである。ぼくにはわけがあって、この間から、人並の朝をむかえることにしたいものと、こころがけているのであるが、お早いですねと言われてみると、寝坊だった自分のことを、今更のように見せつけられた感じなのであった。

実際、これまでのぼくには、朝というものがなかったもおんなじで、ぼくが、洗面器と手拭を持って井戸端へ出る頃は、すでに朝の過ぎ去ったあとなのであって、井戸の流しのコンクリートが、陽に照りつけられて乾いている時なのである。言わばぼくの生活には朝がなくて、その日その日が昼頃からはじまるみたいなのであった。それには、またそれだけの事情があったからなのである。しかし、その事情については、一々ここに述べてはいられないのであるが、一口に言ってしまえば、ぼくはふくろうみたいに夜になってから仕事をするからなのだ。このことが、ぼくの長年の習慣になっていて、女房こどもが出来てからというものは、いよいよ生活がうるさくなって来て、夜でなくては、原稿の仕事に手をつけることが出来なかったからなのである。

ぼくのところは、娘のミミコと、女房にぼくという三人家族なのであるが、ぼくら三人は、どこに住んでいても、それぞれの部屋というものを持ったためしがなく、現在も、友人の家の一室で三人が暮しているのである。それで、ぼくの机の傍にはいつでも女房こどもがまつわりついているわけだ。ぼくの仕事と言えば、田をつくることとは、はなはだ縁のないみたいに言われているところの、詩をつくることなのであるが、ミミコと女房が、机の側でうごいていたり、おしゃべりをされたりしていたのでは、なかなか仕事がはかどらないので、ぼくはふたりが寝るのを待って仕事にかかるのである。それが、夜の九時頃なのだ。

「もう寝ろよ、仕事が出来ないじゃないか。」

ぼくは時にそう言って女房こどもを、うながして寝かせることもたびたびなのである。そういうときには、きっと、ミミコが言うにきまっているのだ。

「ちょっと待っててよ。ここんとこまで読んだら、ミミコすぐねちゃうから。」

「宵っぱりしていると、又眼が赤くなって、ものもらいだよ。」

と、叱ると、ミミコはぴしゃりと本を閉じて寝てしまう。ものもらいは、ミミコ自身が、なんども眼に経験して来たもので、ものもらいの出来るたんびに、「宵っぱりして、本ばかり読んでいるからだ。」と、叱られたことを知っているからなのだ。

こうして、家のもの二人が、寝しずまったころには、どうやら、ぼくのペンが原稿紙の上で働いているのである。そのうちに、夜なかの一時になり三時になり、あるいは、四時五時になることもしばしばであって、朝の気配の近づく頃は、そろそろぼくの寝支度というわけで、結局朝のない生活を、永い間繰り返して来たのである。

ぼくには、むかしから、うなされる癖がある。それは、書きかけた仕事のあるときに多いようで、その仕事が、思うようにはかどらず、四苦八苦の揚句を、へとへとになって寝るときなどは、きっと、うなされるのである。それがいかにも、悶え苦しんでいるような様子なのだそうで、そんなとき、たびたび女房から、肩を小突かれてぼくは目を覚ますのである。時には、「おとうさん、おとうさんってば。」と言いながら、ミミコが、ぼくのアゴや肩をゆすぶっていることもあるのだ。

ある朝のこと、例によって、「おとうさん、おとうさんってば、おきなさいよ。」と、ミミコに、あごをゆすぶられて目を覚ました。

「また、うなされたのかい？」と、ぼくはねとぼけて言った。すると、ミミコは、眼をまるくしてみせながら、ぼくの耳もとに口をもって来て言った。「どろぼうだって。」ぼくは起きあがると、「どこに？」と言った。

「うちにきまってるじゃありませんか。」と、横から女房がそう言った。ぼくは、昨夜は、三時すぎまで仕事をしていたのである。

「明け方やられたんだね。」

「さあ。」女房は、そう言ってから、「そっちの部屋らしいです。」と言った。その部屋は、ぼくらが寝るときの足もとに当り、廊下をへだてた障子張りの部屋なのだ。そこは家主さんが使っていて、箪笥や長持その他の物が置いてあった。親子三人は廊下に出てその部屋をのぞいたが、家主さん達が、泥棒に引っ掻き回されたあとを調べているところなのであった。

女房の話によると、どしんと音がしたようであったが、いつものようにおとうさんがまたうなされて、足でもばたつかせたのかとおもい、そのまま寝入ってしまったとのことである。

「あのときの音が、きっとそうだったんでしょうね。」

あとの祭りみたいなことを、女房は言ったのであるが、泥棒は、あるいは、ついどしんと降り立ったのかも知れなかった。窓際の畳の上には、そこに音でも立てたみたいな、大きな地下足袋の跡が、どしんと押されていたからなのである。

作者：山之口 貘①(やまのくち　ばく・1903-1963)

詩人。沖縄出身。本名は山口重三郎。鹿児島と沖縄の中間に位置する口之島から琉球王国に移住した帰化人の子孫。借金を完済できずに死んだ自分の死後を描いた詩など、上京して金に苦労した自己を赤裸々に描いた可笑しみのある詩を次々と発表。『鮪に鰯』ではビキニ核実験を描き、『貘』では貘に核兵器廃絶の願いを託した。

注

① 貘(獏): 인간이 꾸는 꿈을 먹어 치우는 상상속의 괴물. 한국에서는 쇠붙이를 닥치는 대로 먹어 치우는 괴물 불가살이 이야기로 전승된다.

漢字の読み方

井戸端（いどばた）	近所（きんじょ）	出会す（でくわ）	挨拶（あいさつ）
今朝（けさ）	寝坊（ねぼう）	人並（ひとなみ）	今更（いまさら）
洗面器（せんめんき）	手拭（てぬぐい）	陽（ひ）	乾く（かわ）
一口（ひとくち）	女房（にょうぼう）	一室（いっしつ）	傍（そば）
縁（えん）	側（そば）	宵っぱり（よい）	叱る（しか）
夜中（よなか）	気配（けはい）	寝支度（ねじたく）	四苦八苦（しくはっく）
揚句（あげく）	悶え苦しむ（もだ・くる）	小突く（こづ）	昨夜(昨夜)（ゆうべ・さくや）
明け方（あ・がた）	廊下（ろうか）	障子張り（しょうじば）	家主（やぬし）
箪笥（たんす）	長持（ながもち）	引っ掻き回す（ひ・か・まわ）	寝入る（ねい）
降り立つ（お・た）	窓際（まどぎわ）	畳（たたみ）	地下足袋（じかたび）

文型

(1) 家のもの二人が、寝しずまったころには、どうやら、ぼくのペンが原稿紙の上で働いているのである。

· 夫の家の仏壇(ぶつだん)にお参りをした時点で嫁は夫の**家のもの**になる。

· 折々(おりおり)に**家の者**にも津波(つなみ)の心構えを読み聞かせしなさい。

· ある程度(ていど)の家格(かかく)を持つ**家の者**であれば、結婚相手も同等(どうとう)であることが意識された。

· 亭主(ていしゅ)として**家の者**にわざわざ行かせていた。

(2) うちにきまってるじゃありませんか。

· コロナ感染(かんせん)で欠場(けつじょう)が**決まっている**。

· 東京六大学野球のリーグ戦、その最終(さいしゅう)カードは早慶戦(そうけいせん)と**決まっている**。

· 聞く人からすれば、被爆者(ひばくしゃ)本人(ほんにん)の話がいいに**決まっている**。

· 賛成反対(さんせいはんたい)は最初(さいしょ)から**決まっている**。

7

第七課

野ばら

小川未明

大きな国と、それよりはすこし小さな国とがとなり合っていました。とうざ、その二つの国の間には、何事も起らず平和でありました。

ここは都から遠い、国境であります。そこには両方の国から、ただひとりずつの兵隊が派けんされて、国境を定めた石碑を守っていました。大きな国の兵士は、老人でありました。そうして、小さな国の兵士は青年でありました。

ふたりは、石碑の立っている右と左に番をしていました。いたってさびしい山でありました。そして、まれにしかその辺を旅する人かげは、見られなかったのです。

初め、たがいに顔を知り合わない間は、ふたりは、敵か味方かというような感じがして、ろくろくものもいいませんでしたけれど、いつしかふたりは仲よしになってしまいました。ふたりは、ほかに話をする相手もなく、たいくつであったからであります。そして、春の日は長く、うららかに、頭の上に照りかがやいているからでありました。

ちょうど、国境のところには、だれが植えたということもなく、一かぶの野ばらがしげっていました。その花には、朝早くからみつばちが飛んできて、集まっていました。その快い羽音が、まだふたりの眠っているうちから、ゆめごこちに耳に聞こえました。

「どれ、もう起きようか。あんなにみつばちが来ている。」と、ふたりは、申し合わせたように起きました。そして外へ出ると、はたして、太陽は、木のこずえの上に元気よくかがやいていました。

ふたりは、岩間からわき出るしみずで口をすすぎ、顔を洗いにまいりますと、顔を合わせました。

「やあ、おはよう。いい天気でございますな。」

「ほんとうにいい天気です。天気がいいと、気持ちがせいせいします。」

ふたりは、そこでこんな立ち話をしました。たがいに、頭を上げて、あたりの景色をながめました。毎日見ている景色でも、新しい感じを見る度に心に与えるものです。

青年は、最初、しょうぎの歩み方を知りませんでした。けれど老人について、それを教わりましてから、このごろはのどかな昼ごろには、ふたりは毎日向かい合ってしょうぎをさしていました。

初めのうちは、老人のほうがずっと強くて、こまを落としてさしていましたが、しまいにはあたりまえに差して、老人が負かされることもありました。

この青年も、老人も、いたっていい人々でありました。ふたりとも正直で、親切でありました。ふたりはいっしょうけんめいで、しょうぎばんの上で争っても、心は打ち解けていました。

「やあ、これはおれの負けかいな。こうにげ続けては、苦しくてかなわない。ほんとうの戦争だったら、どんなだかしれん。」と、老人は言って、大きな口を開けて笑いました。

青年は、また勝ち味があるのでうれしそうな顔つきをして、いっしょうけんめいに目を輝かしながら、相手の王さまを追っていました。

小鳥はこずえの上で、おもしろそうに歌っていました。白いばらの花からは、よいかおりを送ってきました。

冬は、やはりその国にもあったのです。寒くなると老人は、南の方をこいしがりました。

その方には、せがれや、孫が住んでいました。

「早く、ひまをもらって帰りたいものだ。」と、老人はいいました。

「あなたがお帰りになれば、知らぬ人が代わりに来るでしょう。やはり親切な、優しい人ならいいが敵、味方というような考えをもった人だと困ります。どうか、もうしばらくいてください。そのうちには、春が来ます。」と、青年は言いました。

やがて冬が去って、また春となりました。ちょうどそのころ、この二つの国は、何かの利益問題から、戦争を始めました。そうしますと、これまで毎日、仲むつまじく、暮らしていたふたりは、敵、味方の間がらになったのです。それがいかにも、不思議なことに思われました。

「さあ、おまえさんと私はきょうからかたきどうしになったのだ。私はこんなに老いぼれていても少佐だから、わたしの首を持っていけば、あなたは出世ができる。だから殺してください。」と、老人はいいました。

これを聞くと、青年は、あきれた顔をして、「何を言われますか。どうして、わたしとあなたがかたきどうしでしょう。わたしの敵は、ほかになければなりません。戦争は、ずっと北の方で開かれています。わたしは、そこへ行って戦います。」と、青年は言い残して、去ってしまいました。

国境には、ただ一人老人だけが残されました。青年のいなくなった日から、老人は、ぼうぜんとして日を送りました。野ばらの花が咲いて、みつばちは、日が上がると、暮れるころまで群がっています。今、戦争はずっと遠くでしているので、たとえ耳をすましても、空をながめても、鉄ぽうの音も聞こえなければ、黒いけむりのかげすら見られなかったのであります。老人はその日から、青年の身の上を案じていました。日はこうしてたちました。

ある日のこと、そこを旅人が通りました。老人は戦争について、どうなったかとたずねました。すると、旅人は、小さな国が負けて、その国の兵士はみな殺しになって、戦争は終わったということを告げました。

老人は、そんなら青年も死んだのではないかと思いました。そんなことを気にかけながら石碑のいしずえに腰をかけて、うつむいていますと、いつか知らず、うとうとといねむりをしました。

かなたから、おおぜいの人の来るけはいがしました。見ると、一列の軍隊でありました。そして馬に乗って、それを指揮するのは、かの青年でありました。その軍隊はきわめて静しゅくで声一つたてません。やがて、老人の前を通るときに、青年は黙礼をして、ばらの花をかいだのでありました。

老人は、何かものを言おうとすると、目がさめました。それは全くゆめであったのです。それからひと月ばかりしますと、野ばらがかれてしまいました。

その年の秋、老人は南の方へひまをもらって帰りました

作者：小川未明(おがわ　みめい・1882-1961)

小説家、児童文学家。新潟県(にいがたけん)生まれ。早稲田(わせだ)大学英文科(えいぶんか)卒業。『薔薇(ばら)と巫女(みこ)』『魯鈍(ろどん)な猫』『月夜(つきよ)と眼鏡(めがね)』など。新浪漫主義。

漢字の読み方

都（みやこ）	国境（こっきょう）	兵隊（へいたい）	石碑（せきひ）
敵（てき）	味方（みかた）	仲（なか）よし	快（こころよ）い
羽音（はおと）	岩間（いわま）	立（た）ち話（ばなし）	勝（か）ち味（み）
利益（りえき）	少佐（しょうさ）	出世（しゅっせ）	群（む）がる
皆殺（みなごろ）し	告（つ）げる	腰（こし）	一列（いちれつ）
指揮（しき）	黙礼（もくれい）	全（まった）く	

文型

⑴ 毎日見ているけしきでも、新しい感じを見るたびに心にあたえるものです。

・旅行(りょこう)というのは、楽しい**もの**だ。

・大学に入るのは、そう簡単にはいかない**もの**だ。

・人はパンだけで生きる**もの**ではない。

⑵ こうにげ続けては、苦しくてかなわない。

・あなたのおしゃべりは、早くて**かなわない**。

・歯痛(しつう)は、痛くて**かなわない**。

⑶ 敵、味方というような考えをもった人だと困ります。

・あの人はだめだ**というような**言い方をしてはいけません。

・パパヤ、マンゴー**というような**果物は、熱帯(ねったい)地方に行けばたくさんあります。

・幸、不幸**というような**ものは、人間の心によるのだ。

⑷ この二つの国は、何かの利益問題から、戦争を始めました。

・何年間もお便(たよ)りが切れたこと**から**、彼はもう死んだにちがいない。

・あの日のはげしいけんか**から**、二人は永遠(えいえん)に別れてしまいました。

・大学入試(にゅうし)への失敗**から**、彼の人生は大きく立ち直りました。

⑸ この青年も、老人も、いたっていい人々でありました。

・この地域(ちいき)のりんごは、**いたって**おいしいものです。

・私の話を聞いた母は、**いたって**怒りました。

・二人は、**いたって**仲がよかったですが、一方が先に死んでしまいました。

8

第八課

侏儒の言葉

芥川龍之介

「侏儒の言葉」の序

「侏儒の言葉」は必ずしもわたしの思想を伝えるものではない。ただわたしの思想の変化を時々うかがわせるのにすぎぬものである。一本の草よりも一筋の蔓草、 ― しかもその蔓草は幾すじも蔓を伸ばしているかもしれない。

侏儒の祈り

わたしはこの綵衣[①]を纏い、この筋斗[②]の戯を献じ、この太平を楽しんでいれば不足のない侏儒でございます。どうかわたしの願いをおかなえ下さいまし。

どうか一粒の米すらないほど、貧乏にして下さいますな。どうかまた熊掌[③]にさえ飽き足りるほど、富裕にもして下さいますな。

どうか採桑[④]の農婦すら嫌うようにして下さいますな。どうかまた後宮の麗人さえ愛するようにもして下さいますな。

どうか菽麦すら弁ぜぬほど、愚昧にして下さいますな。どうかまた雲気[5]さえ察するほど、聡明にもして下さいますな。

とりわけどうか勇ましい英雄にして下さいますな。わたしは現に時とすると攀じがたい峰の頂を窮め、越えがたい海の波を渡り — いわば不可能を可能にする夢を見ることがございます。そういう夢を見ている時ほど、空恐ろしいことはございません。わたしは竜と闘うように、この夢と闘うのに苦しんでおります。どうか英雄とならぬように — 英雄の志を起こさぬように力のないわたしをお守り下さいまし。

わたしはこの春酒に酔い、この金縷[6]の歌を誦し、この好日を喜んでいれば不足のない侏儒でございます。

人 生

— 石黒定一君に —

もし遊泳を学ばないものに泳げと命ずるものがあれば、何人も無理だと思うであろう。もしまたランニングを学ばないものに駆けろと命ずるものがあれば、やはり理不尽だと思わざるを得まい。しかし我々は生まれた時から、こういうばかげた命令を負わされているのも同じことである。

我々は母の胎内にいた時、人生に処する道を学んだであろうか？ しかも胎内を離れるが早いか、とにかく大きい競技場に似た人生の中に踏み入るのである。もちろん遊泳を学ばないものは満足に泳げる理屈はない。同様にランニングを学ばないものはたいてい人後に落ちそうである。すると我々も創痍を負わずに人生の競技場を出られるはずはない。

なるほど世人は言うかもしれない。「前人の跡を見るがよい。あそこに君たちの手本がある」と。しかし百の遊泳者や千のランナーをながめたにしろ、たちまち遊泳を覚えたり、ランニングに通じたりするものではない。のみならずその遊泳者はことごとく水を飲んでおり、そのまたランナーはひとり残らず競技場の土にまみれている。見たまえ、世界の名選手さえたいていは得意の微笑のかげに渋面を隠しているのではないか?

人生は狂人の主催に成ったオリンピック大会に似たものである。[7] 我々は人生と闘いながら、人生と闘うことを学ばねばならぬ。こういうゲームのばかばかしさに憤慨を禁じ得ないものはさっさと埒外に歩み去るがよい。自殺もまた確かに一便法である。しかし人生の競技場に踏みとどまりたいと思うものは創痍を恐れずに闘わなければならぬ。

また

人生は一箱のマッチに似ている。[8] 重大に扱うのはばかばかしい。重大に扱わなければ危険である。

また

人生は落丁の多い書物に似ている。[9] 一部を成すとは称しがたい。しかしとにかく一部を成している。

瑣 事

人生を幸福にするためには、日常の瑣事を愛さなければならぬ。雲の光、竹のそよぎ、群雀の声、行人の顔、— あらゆる日常の瑣事のうちに無上の甘露味[10]を感じなければならぬ。

人生を幸福にするためには? — しかし瑣事を愛するものは瑣事のために苦しまなければならぬ。庭前の古池に飛びこんだ蛙は百年の愁いを破った[11]であろう。が、古池を飛び出した蛙は百年の愁いを与えたかもしれない。いや、芭蕉[12]の一生は享楽の一生であるとともに、だれの目にも受苦の一生である。我々も微妙に楽しむためには、やはりまた微妙に苦しまなければならぬ。

人生を幸福にするためには、日常の瑣事に苦しまなければならぬ。雲の光、竹のそよぎ、群雀の声、行人の顔、— あらゆる日常の瑣事のうちに堕地獄の苦痛⑬を感じなければならぬ。

作者：芥川龍之介(あくたがわ　りゅうのすけ・1892-1927)

小説家。東京生まれ。東京大学英文科卒。『羅生門(らしょうもん)』『鼻(はな)』『戯作三昧(げさくざんまい)』『蜘蛛(くも)の糸』『地獄変(じごくへん)』『芋粥(いもがゆ)』『河童(かっぱ)』『歯車(はぐるま)』など。理知主義。

注

① 綵衣(さいい): 色どった衣服。

② 筋斗(きんと)の戯(ぎ): とんぼがえり。

③ 熊掌(ゆうしょう): くまの手のひら。非常に美味(びみ)で。八珍(はっちん)(8종의 요리, 또는 호화로운 요리)の一つ。

④ 採桑(さいそう): 桑(くわ)をつむこと。

⑤ 雲気(うんき): 空に立ちのぼる異様の気。

⑥ 金縷(きんる)の歌: 金の糸のように美しい歌。

⑦ 人生は狂人(きょうじん)の主催(しゅさい)に成ったオリンピック大会に似たものである。: 不合理に満ちたものである。

⑧ 人生は一箱(ひとはこ)のマッチに似ている。: 人生はとるにたらぬものであるが、一度まちがえば恐ろしい結果を引き起こす。

⑨ 人生は落丁(らくちょう)の多い書物(しょもつ)に似ている。: 外から見れば一つの形を整(ととの)えてはいるが、内容はでたらめな不完全(ふかんぜん)なものである。

⑩ 無上(むじょう)の甘露味(かんろみ): 美味。ここでは、幸福感の意。

⑪ 庭前の古池に飛びこんだ蛙は百年の愁(うれ)いを破った: 芭蕉の俳句「古池や蛙飛びこむ水の音」による。長い間もっていた悩みを打ち破って新しい境地(きょうち)を得(え)た。

⑫ 芭蕉: 第四課 注②参照。

⑬ 堕地獄(だじごく)の苦痛: 日常の瑣事から受ける苦しみを「堕地獄の苦痛」といってい

るところに、作者の人生がとくに晩年(ばんねん)において苦痛に満ちたものであったことを語っているように思われる。

漢字の読み方

侏儒(しゅじゅ)	一筋(ひとすじ)	蔓草(つるくさ)	幾筋(いくすじ)
綵衣(さいい)	纏(まと)う	筋斗(きんと)	一粒(ひとつぶ)
貧乏(びんぼう)	熊掌(ゆうしょう)	飽(あ)き足(た)りる	富裕(ふゆう)
採桑(さいそう)	後宮(こうきゅう)	麗人(れいじん)	菽麦(しゅくばく)
愚昧(ぐまい)	聡明(そうめい)	勇(いさ)ましい	攀(よ)じる
峰(みね)	頂(いただき)	窮(きわ)める	空恐(そらおそ)ろしい
闘(たたか)う	志(こころざし)	春酒(しゅんしゅ)	酔(よ)う
金縷(きんる)	誦(しょう)する	好日(こうじつ)	遊泳(ゆうえい)
何人(だれ)	理不尽(りふじん)	胎内(たいない)	踏(ふ)み入(い)る
理屈(りくつ)	人後(じんご)	創痍(そうい)	競技場(きょうぎじょう)
世人(せじん)	前人(ぜんじん)	手本(てほん)	跡(あと)
微笑(びしょう)	渋面(じゅうめん)	狂人(きょうじん)	主催(しゅさい)
大会(たいかい)	憤慨(ふんがい)	埒外(らちがい)	一便法(いちべんぽう)
一箱(ひとはこ)	重大(じゅうだい)	扱(あつか)う	落丁(らくちょう)
書物(しょもつ)	称(しょう)する	瑣事(さじ)	群雀(むらすずめ)
行人(こうじん)	無上(むじょう)	甘露味(かんろみ)	庭前(にわさき)

愁(うれ)い	享楽(きょうらく)	受苦(じゅく)	微妙(びみょう)
堕地獄(だじごく)			

文型

(1) ただわたしの思想の変化をうかがわせるにすぎぬ。

・彼の話は言いわけ**にすぎぬ**。

・ほんの憶測(おくそく)**にすぎぬ**。

・ちょっとした知り合い**にすぎない**。

・ただの鼻風邪(はなかぜ)**にすぎません**。

(2) やはり理不尽だと思わざるを得まい。

・その件についてはぼくも一言(ひとこと)、言わ**ざるを得まい**。

・人間の力の偉大(いだい)さに感嘆(かんたん)せ**ざるを得まい**。

・運を天(てん)にまかせ**ざるを得まい**。

・いやおうでも彼に会わ**ざるを得まい**。

(3) 胎内を離れるが早いか、とにかく大きい競技場に似た人生の中に踏み入るのである。

・起きる**が早いか**家を飛びだした。

・金をおろす**が早いか**銀行を飛び出した。

・おまわりさんを見る**が早いか**逃げだした。

・授業(じゅぎょう)が終わる**が早いか**家に帰った。

熟語

人後に落ちる

9

第九課

梗概を書く

竹西寛子

作品の紹介をするとか、梗概を書くとかいった仕事は、とかく軽んじられやすい傾向なきにしもあらずであるが、質のいい要約を読んだ時の心の弾みは、ほとんど例外なく原作に遡ろうとする。

もともと作品紹介は、自分の読みを第三者に伝えるという姿勢を否定したのでは成り立たない作業だと思うので、論評は出来ないが紹介ならと、いたって気楽に考えている人に接すると、ちょっと待ってくださいと言いたくなる。確かに紹介は論評ではない。論評はさし控えなければならない。けれども、自分なりの読みが出来ていての紹介なら論評の可能性も充分にある。また、そうでなければおかしい。論評の可能性はありながらそれは抑えて作品自体に語らせるのがいい要約で、自立している読みもないのに筋書きだけならと高をくくっている人の要約は、読んでこちらが弾まない。

部分に引きずられて散漫な鑑賞にとどまるのではなく、好き嫌いだけに従ってでもなく、作品全体をひとつの生きものとしていったん自分の内におさめるという作業は、どのような作品に関しても私にはけっして容易な作業ではない。

読み手次第の要約である。これは避けられない。そして当然のことながら、要約はすでに原作ではない。外国文学の翻訳然り、古典の現代語訳また然りである。ただ、要約においては、伝達すべき細部を選び出す自由、捨てる自由を、翻訳や口語訳よりも多く行使出来る。読みの表現はより直接的であり得る。読んで弾んだ要約のあれこれを考えてみると、細部の捨て方のうまさということがある。捨てる、とは、とりあえずの言い方でしかない。つまり無視でも放棄でもなく、選んだ細部に、直接には選ばなかった細部をこめる、そのこめ方のうまさである。

どの細部にどの細部がこめられるか。その見通しのついた時、要約の半ばは出来たと言えるかもしれない。全体が有機的に読めていない限りこういう見通しも不可能だと思う。逃げ腰で要約が出来るとは思わない。作品の読み手の単なる発言ではなく、表現の次元に達していてこその、いい紹介であり、梗概、要約であろう。いい紹介、梗概、要約は作品になっている。それで読み手は弾む。原作に遡りたくなる。

梗概を書く、ということに関して言うなら、文学辞典の記述もこれに当たっていて、例えば物故作家で言えば、記述の分量がどんなに少なくても、その人の文学と生涯の梗概を書くという姿勢は否定できないだろう。

とすれば、記述の分量の多寡とは無関係に、その人の文学と生涯をどう読むかが大前提になる。辞典の記述に恣意を抑制するのは常識だが、それは対象と聞き手の間に血が通わなくてもいいということではない。例えば数行の文章に、一人の人間の文学と生涯をこめる作業は、劇的な作業だとさえ言えないか。その数行は、その人の全生涯を支える文章のはずである。

いい文学辞典は幾冊あってもよい。

しかし、安直につくられた文学辞典は、どこか有害食品に似ている。

竹西寛子「梗概を書く」『音のパレット』
(青土社、1984)

作者：竹西寛子(たけにし　ひろこ・1929-)

作家。早稲田大学国文学科卒。小説に『儀式(ぎしき)』『鶴(つる)』『管弦祭(かんげんさい)』『兵隊宿(へいたいやど)』、評論に『往還(おうかん)の記(き)』『式子内親王(しょくしないしんのう)・永福門院(えいふくもんいん)』など。

漢字の読み方

梗概(こうがい)	軽(かろ)んじる	傾向(けいこう)	質(しつ)
要約(ようやく)	弾(はず)む	例外(れいがい)	遡(さかのぼ)る
姿勢(しせい)	否定(ひてい)	論評(ろんぴょう)	気楽(きらく)
接(せっ)する	さし控(ひか)える	筋書(すじが)き	散漫(さんまん)
鑑賞(かんしょう)	次第(しだい)	避(さ)ける	然(しか)り
伝達(でんたつ)	細部(さいぶ)	選(えら)び出(だ)す	口語訳(こうごやく)
行使(こうし)	直接的(ちょくせつてき)	あり得(う)る	放棄(ほうき)
見通(みとお)し	半(なか)ば	有機的(ゆうきてき)	逃(に)げ腰(ごし)
単(たん)なる	発言(はつげん)	次元(じげん)	辞典(じてん)
記述(きじゅつ)	物故作家(ぶっこさっか)	生涯(しょうがい)	多寡(たか)
大前提(だいぜんてい)	恣意(しい)	抑制(よくせい)	数行(すうぎょう)
劇的(げきてき)	支(ささ)える	幾冊(いくさつ)	安直(あんちょく)

文型

⑴ 梗概を書くとかいった仕事は、とかく軽んじられやすい傾向なきにしもあらずであるが、

· 京に思ふ人**なきにしもあらず**。

· 勝利の可能性が**なきにしもあらず**なので、諦(あきら)めるのはまだ早い。

· 古い車なので途中で壊(こわ)れることも“**なきにしもあらず**”ですよ。

· 彼女がうそをついていることが**無きにしもあらず**だね。

✽ 無きにしも非ず: ない訳ではない、無いということもない、必ずしもないとは限らない、少しはある、などという意味。形容詞「なし」の連体形＋断定の助動詞「なり」の連用形＋副助詞「しも」＋ラ変動詞「あり」の未然形＋打消の助動詞「ず」

⑵ 自分なりの読みが出来ていての紹介なら論評の可能性も充分にある。

· 長い年月を経(へ)**ての**春でございます。

· あなたあっ**ての**私です。

· 実際に使ってみ**ての**感想です。

· 命あっ**ての**物種(ものだね)とは、何事(なにごと)も命があってこそ初めてできるものだというたとえ。

⑶ 読みの表現はより直接的であり得る。

· 大学は、問題解決力を育成(いくせい)する「場」に**なり得るか**。

· そんなことは決して**ありえません**。

· 僕らの未来は誰も**知り得ない**。

· 上杉謙信(うえすぎけんしん)と武田信玄(たけだしんげん)とは生涯(しょうがい)のライバル同士(どうし)で、互角(ごかく)に**戦い得る**実力(じつりょく)があった。

熟語

なきにしもあらず　　心が弾む　　高をくくる

10

第十課

人間失格

太宰治

はしがき

私は、その男の写真を三葉、見たことがある。一葉は、その男の、幼年時代、とでも言うべきであろうか、十歳前後かと推定される頃の写真であって、その子供が大勢の女のひとに取りかこまれ、(それは、その子供の姉たち、妹たち、それから、従姉妹たちかと想像される) 庭園の池のほとりに、荒い縞の袴をはいて立ち、首を三十度ほど左に傾け、醜く笑っている写真である。醜く？ けれども、鈍い人たち (つまり、美醜などに関心を持たぬ人たち) は、面白くも何とも無いような顔をして、

「可愛い坊ちゃんですね。」

といい加減なお世辞を言っても、まんざら空御世辞に聞えないくらいの、謂わば通俗の「可愛らしさ」みたいな影もその子供の笑顔に無いわけではないのだが、しかし、いささかでも、美醜に就いての訓練を経て来たひとなら、ひとめ見てすぐ、

「なんて、いやな子供だ。」

と頗る不快そうに呟き、毛虫でも払いのける時のような手つきで、その写真をほうり投げるかも知れない。

まったく、その子供の笑顔は、よく見れば見るほど、何とも知れず、イヤな薄気味悪いものが感ぜられて来る。どだい、それは、笑顔でない。この子は、少しも笑ってはいないのだ。その証拠には、この子は、両方のこぶしを固く握って立っている。人間は、こぶしを固く握りながら笑えるものでは無いのである。猿だ。猿の笑顔だ。ただ、顔に醜い皺を寄せているだけなのである。「皺くちゃ坊ちゃん」とでも言いたくなるくらいの、まことに奇妙な、そうして、どこかけがらわしく、へんにひとをムカムカさせる表情の写真であった。私はこれまで、こんな不思議な表情の子供を見た事が、いちども無かった。

第二葉の写真の顔は、これはまた、びっくりするくらいひどく変貌していた。学生の姿である。高等学校時代の写真か、大学時代の写真か、はっきりしないけれども、とにかく、おそろしく美貌の学生である。しかし、これもまた、不思議にも、生きている人間の感じはしなかった。学生服を着て、胸のポケットから白いハンケチを覗かせ、籐椅子に腰かけて足を組み、そうして、やはり、笑っている。こんどの笑顔は、皺くちゃの猿の笑いでなく、かなり巧みな微笑になってはいるが、しかし、人間の笑いと、どこやら違う。血の重さ、とでも言おうか、生命の渋さ、とでも言おうか、そのような充実感は少しも無く、それこそ、鳥のようではなく、羽毛のように軽く、ただ白紙一枚、そうして、笑っている。つまり、一から十まで造り物の感じなのである。キザと言っても足りない。軽薄と言っても足りない。ニヤケと言っても足りない。おしゃれと言っても、もちろん足りない。しかも、よく見ていると、やはりこの美貌の学生にも、どこか怪談じみた気味悪いものが感ぜられて来るのである。私はこれまで、こんな不思議な美貌の青年を見た事が、いちども無かった。

もう一葉の写真は、最も奇怪なものである。まるでもう、としの頃がわからない。頭はいくぶん白髪のようである。それが、ひどく汚い部屋 (部屋の壁が三箇所ほど崩れ落ちているのが、その写真にハッキリ写っている)の片隅で、小さい火鉢に両手をかざし、こんどは笑っていない。どんな表情も無い。謂わば、坐って火鉢に両手をかざしながら、自然に死んでいるような、まことにいまわしい、不吉なにおいのする写真であった。奇怪なのは、それだけでない。その写真には、わりに顔が大きく写っていたので、私は、つくづくその顔の構造を調べる事が出来たのであるが、額は平凡、額の皺も平凡、眉も平凡、眼も平凡、鼻も口も顎も、ああ、この顔には表情が無いばかりか、印象さえ無い。特徴が無いのだ。たとえば、私がこの写真を見て、目をつぶる。既に私はこの顔を忘れている。

部屋の壁や、小さい火鉢は思い出す事が出来るけれども、その部屋の主人公の顔の印象は、すっと霧消して、どうしても、何としても思い出せない。画にならない顔である。漫画にも何もならない顔である。目をひらく。あ、こんな顔だったのか、思い出した、というようなよろこびさえ無い。極端な言い方をすれば、目をひらいてその写真を再び見ても、思い出せない。そうして、ただもう不愉快、イライラして、つい目をそむけたくなる。

所謂「死相」というものにだって、もっと何か表情なり印象なりがあるものだろうに、人間のからだに駄馬の首でもくっつけたなら、こんな感じのものになるであろうか、とにかく、どこという事なく、見る者をして、ぞっとさせ、いやな気持にさせるのだ。私はこれまで、こんな不思議な男の顔を見た事が、やはり、いちども無かった。

作者：太宰治(だざい　おさむ・1909-1948)

小説家。左翼(さよく)活動での挫折(ざせつ)後、自殺未遂(みすい)や薬物(やくぶつ)中毒を繰り返しながらも、第二次世界大戦前から戦後にかけて作品を次々に発表。没落(ぼつらく)した華族(かぞく)の女性を主人公にした『斜陽(しゃよう)』はベストセラーとなる。戦後は、その作風から坂口安吾(さかぐちあんご)とともに無頼派(ぶらいは)と称された。愛人と入水(じゅすい)自殺。享年(きょうねん)38才。

漢字の読み方

三葉（さんよう）	幼年時代（ようねんじだい）	推定（すいてい）	従姉妹（いとこ）
庭園（ていえん）	縞（しま）	袴（はかま）	傾（かたむ）ける
醜（みにく）い	鈍（にぶ）い	美醜（びしゅう）	坊（ぼっ）ちゃん
加減（かげん）	空御世辞（からおせじ）	通俗（つうぞく）	笑顔（えがお）
頗（すこぶ）る	呟（つぶや）く	毛虫（けむし）	薄気味悪（うすきみわる）い
証拠（しょうこ）	皺（しわ）	変貌（へんぼう）	美貌（びぼう）
覗（のぞ）く	籐椅子（とういす）	巧（たく）みな	羽毛（うもう）
軽薄（けいはく）	怪談（かいだん）	奇怪（きかい）	白髪（はくはつ）(白髪（しらが）)
片隅（かたすみ）	火鉢（ひばち）	謂（い）わば	不吉（ふきつ）
構造（こうぞう）	額（ひたい）	平凡（へいぼん）	眉（まゆ）
顎（あご）	霧消（むしょう）	画（え）	極端（きょくたん）な
不愉快（ふゆかい）	死相（しそう）	駄馬（だば）	

文型

(1) いい加減なお世辞を言っても

・仕事が**いい加減な**同僚はいやだ。

・**いい加減な**性格（せいかく）を直す方法が知りたい。

・**いい加減な**人は、物事（ものごと）を忘れっぽく、どうしてもだらしない印象を持たれがち。

・**いい加減に**しろ！

⑵ **まったく**、その子供の笑顔は、よく見れば見るほど、何とも知れず、イヤな薄気味悪いものが感ぜられて来る。

· **まったく**この世は地獄(じごく)だぜ！

· **まったく**いやな天気！

· **まったく**もう！いやだ！

· **全くもって**迷惑(めいわく)な話だ

⑶ 怪談**じみた**気味悪いものが感ぜられて来るのである。

· 子供**じみた**行為としか言いようがない。

· 説教(せっきょう)**じみて**いる友達がいます。

· 何でもこういう弁解(べんかい)**じみた**ことを口にするのはいやなものだ。

· 使い捨て**じみた**繋がりとかその場限りの関係。

11

第十一課

坊ちゃん

夏目漱石

親譲りの無鉄砲で子供の時から損ばかりしている。小学校にいる時分学校の二階から飛び降りて一週間ほど腰を抜かしたことがある。なぜそんなむやみをしたと聞く人があるかも知れぬ。別段深い理由でもない。新築の二階から首を出していたら、同級生の一人が冗談に、いくら威張っても、そこから飛び降りる事は出来まい。弱虫やーいとはやしたからである。小使におぶさって帰って来た時、おやじが大きな目をして二階ぐらいから飛び降りて腰を抜かす奴があるかと言ったから、この次は抜かさずに飛んでみせますと答えた。

親類のものから西洋製のナイフをもらって奇麗な刃を日にかざして、友達に見せていたら、一人が光ることは光るが切れそうもないと言った。切れぬことがあるか、何でも切って見せると請け合った。そんなら君の指を切ってみろと注文したから、何だ指ぐらいこの通りだと右の手の親指の甲をはすに切り込んだ。幸いナイフが小さいのと、親指の骨が堅かったので、いまだに親指は手に付いている。しかし創跡は死ぬまで消えぬ。

＊　＊　＊　＊

おやじはちっともおれを可愛がってくれなかった。母は兄ばかり贔屓にしていた。この兄はやに、色が白くって、芝居の真似をして女形になるのが好きだった。おれを見る度にこいつはどうせ碌なものにはならないと、おやじが言った。乱暴で乱暴で行く先が案じられると母が言った。なるほど碌なものにはならない。ご覧の通りの始末である。行く先が案じられたのも無理はない。ただ懲役に行かないで生きているばかりである。

母が病気で死ぬ二三日前台所で宙返りをしてへっついの角であばら骨を打って大いに痛かった。母が大層怒って、お前のようなものの顔は見たくないと言うから、親類へ泊まりに行っていた。するととうとう死んだという知らせが来た。そう早く死ぬとは思わなかった。そんな大病なら、もう少しおとなしくすればよかったと思って帰って来た。そうしたら例の兄がおれを親不孝だ、おれのためにおっかさんが早く死んだんだと言った。悔しかったから、兄の横っ面を張って大変叱られた。

母が死んでからは、おやじと兄と三人で暮していた。おやじはなんにもせぬ男で、人の顔さえ見れば貴様は駄目だ駄目だと口癖のように言っていた。何が駄目なんだか今に分らない。妙なおやじがあったもんだ。兄は実業家になるとか言ってしきりに英語を勉強していた。元来女のような性分で、ずるいから、仲がよくなかった。十日に一遍ぐらいの割りで喧嘩をしていた。ある時将棋をさしたら卑怯な待ち駒①をして、人が困るとうれしそうに冷やかした。あんまり腹が立ったから、手にあった飛車②を眉間へたたきつけてやった。眉間が割れて少々血が出た。兄がおやじに言いつけた。おやじがおれを勘当すると言い出した。その時はもう仕方がないと観念して先方の云う通り勘当されるつもりでいたら、十年来召し使っている清という下女が、泣きながらおやじにあやまって、ようやくおやじの怒りが解けた。それにもかかわらずあまりおやじを怖いとは思わなった。かえってこの清という下女に気の毒であった。

注

① 待ち駒(まちごま)：将棋で相手の王将の逃げ道にあらかじめ打っておく駒(こま)。

② 飛車(ひしゃ)：将棋の駒の一つ。縦と横に自由に動ける。한국 장기의 차(車), 체스의 룩(Rook)과 움직임이 유사함.

作者：夏目漱石(なつめ　そうせき・1867-1916)

小説家。評論家。英文学者。俳人。江戸(現在、東京都新宿区)生まれ。東京帝国大学英文科卒。夏目漱石の雅号(がごう)である「漱石」は自分の失敗を認めず、屁理屈(へりくつ)を並べて言い逃(のが)れをすることを表す中国の四字熟語(よじじゅくご)「漱石枕流(石にくちすすぎ流れに枕する)」から由来。大学時代に正岡子規(まさおかしき)と出会い、俳句を学ぶ。『吾輩(わがはい)は猫である』を俳句雑誌『ホトトギス』に発表。小説『吾輩は猫である』『草枕(くさまくら)』『三四郎(さんしろう)』『虞美人草(ぐびじんそう)』『こころ』『道草(みちくさ)』『明暗(めいあん)』など。余裕派(よゆうは)。旧千円札(きゅうせんえんさつ)に肖像(しょうぞう)が載っている。

漢字の読み方

親譲り(おやゆず)	無鉄砲(むてっぽう)	損(そん)	時分(じぶん)
別段(べつだん)	新築(しんちく)	冗談(じょうだん)	威張る(いば)
弱虫(よわむし)	小使(こづかい)	親類(しんるい)	刃(は)(刃(やいば))
請け合う(う あ)	創跡(きずあと)	贔屓(ひいき)	芝居(しばい)
女形(おやま)(女形(おんながた))	碌な(ろく)	懲役(ちょうえき)	台所(だいどころ)
宙返り(ちゅうがえ)	大層(たいそう)	報知(ほうち)	大病(たいびょう)
親不孝(おやふこう)	悔しい(くや)	横っ面(よこ つら)	貴様(きさま)
駄目(だめ)	口癖(くちぐせ)	元来(がんらい)	性分(しょうぶん)
一遍(いっぺん)	喧嘩(けんか)	卑怯な(ひきょう)	待ち駒(ま ごま)

飛車(ひしゃ)	眉間(みけん)	擲(たた)く	勘当(かんどう)
観念(かんねん)	先方(せんぽう)	十年来(じゅうねんらい)	召(め)し使(つか)う
清(きよ)	下女(げじょ)		

文型

(1) そこから飛び降りる事は出来まい。

・そう思う人だってこの本を最後まで冷静(れいせい)に読むことは**出来まい**。

・なんぼ名僧(めいそう)でもそこまでは**出来まいと**云った。

・そのような可能性は否定**できまい**。

・通勤(つうきん)さえ出来れば、仕事が出来ようが**出来まい**が関係ないということでしょうか。

(2) 乱暴(らんぼう)で乱暴で行(ゆ)く先が案じられると母が云った。

・今のままでは**行く先が案じられる**。

・今回の裁判(さいばん)もその**行く先が案じられる**。

・スカートめくりの少年に**行く先が案じられる**と嘆(なげ)く母。

・妻の退院(たいいん)からわずか三日目(みっかめ)にして、**行く先が案じられる**大(おお)ゲンカが勃発(ぼっぱつ)。

熟語

尻(しり)を持(も)ち込(こ)む　腰(こし)を抜(ぬ)かす　贔屓(ひいき)にする　横(よこ)っ面(つら)を張(は)る　気の毒だ

12

第十二課

生活の笑いと知恵

『現代の国語』編集委員会の書き下ろし

1

うたた寝の顔へ一冊屋根にふき

夏の午後、横になって本を読んでいるうちに、いつのまにかうたた寝をしてしまったという経験が、だれにでもあるだろう。顔をおおった本が屋根のような形になっている。それを「一冊屋根にふき」と見立てたところに、この句のおもしろみがある。読書中のうたた寝をよんだ川柳には、ほかに次のようなものがある。

うたた寝の書物は風が繰つてゐる
うたた寝のまくら四、五冊引きぬかれ

川柳は、江戸時代の民衆、特に町人の間で流行した。町人は、士農工商のきびしい身分制度の中にありながらも、経済的な力を得て、自らの文化を

作り出していた。いつもいばっている武士たちを、

御自分も拙者も逃げた人数なり
浪人は長いものから食ひ始め

と、「御自分」「拙者」などの武士ことばをたくみに使って笑いの対象とした。その武士が、また、失業して浪人の身になれば、刀をいちばん初めに売り食いするというわけである。知ったかぶりをする儒者も、

とらの鳴き声を聞かれて儒者困り

と、からかわれる。からかいの対象は、歴史上の人物や事件にも及んでいる。

清盛①の医者ははだかで脈を取り
武蔵坊とかくしたくに手間がとれ

言うまでもなく、川柳の本領は、彼ら自身の生活や人情の機微をしゃれや皮肉を通して生き生きととらえているところにある。

国の母生まれたふみを抱き歩き
雷をまねて腹かけやつとさせ
泣き泣きもよいはうを取る形見分け
本降りになって出て行く雨宿り

川柳は、娯楽の中から生まれた民衆の笑いの文学である。民衆はこのように笑いによって自由な世界を作り、感情の解放を求めてきたのである。

2

い　犬も歩けば棒に当たる
ろ　論より証拠
は　花よりだんご

昔から、正月の子供の遊びに、いろは四十八文字を文句の初めとするカルタの遊びがあった。「いろはだとえ」「いろはカルタ」などと呼ばれていたが、そこに集められている文句は、もともと民衆の間で生まれ、語り継がれてきたことわざであった。それらを幼い人たち、若い人たちに、もっと効果的に覚えさせようとして、カルタという遊びに取り入れることになり、多くの中から四十八だけを選び出したのである。

ただし、この「いろはカルタ」に取られている文句は、どこでも同じというわけではなく、たとえば、

い　一寸先はやみ　一を聞いて十を知る
ろ　論語読みの論語知らず
は　針の穴から天井をのぞく

などのように、違った言い方になっている場合もある。ところで、これらのことわざは、民衆の生活に対してどのような役割を果たしていたのであろうか。「頭かくして尻かくさず」は、おろかな人のすることであり、「へたの長談義」は、だれにでもいやがられることである。だから、自分がそういうことをすれば人に笑われたりいやがられたりすると思って、自然に気をつけるようになることをねらったものである。

そしてこれらのことわざは、ちょうど親の仕事を習うように習っていたものだと言われる。また、カルタ遊びに取り入れられたことによって、すっかり心の中にしみこんで、何か行動したり判断したりする際に、おのずと思

い出されるようになったとも考えられる。

たとえば、店先で値段の安いのにつられて品物を買いそうになった時に、「安物買いの銭失い」の文句がさっと頭に浮かぶことがあるかもしれない。あるいは、買って帰ったあとで品が悪いことに気づいて、やっぱり「安物買いの銭失い」だったかと、改めて思い当たって次の機会への戒めにするかもしれない。

ことわざは、こんなふうにして、具体的な生活の場面で、その役割を果たしてきたものと思われる。つまり、人間とは何か、どう生きるべきか、などという深い思想ではなく、もっと手近な世わたりの術として、人々の間に親しまれ、生きてきたのである。

(『現代の国語』 編集委員会の書きおろし)

注

① 清盛(きよもり) — 平清盛(たいらのきよもり)(1118-1181): 平安末期(へいあんまっき)の武将(ぶしょう)。保元(ほうげん)·平治(へいじ)の乱(らん)を経(へ)て政権(せいけん)を掌握(しょうあく)し、1167年、太政大臣(だじょうだいじん)になる。1179年、安徳天皇(あんとくてんのう)を擁立(ようりつ)したが、翌年(よくねん)源氏(げんじ)の蜂起(ほうき)で戦況が厳しい中、病死(びょうし)した。

漢字の読み方

書き下ろし(かきおろし)	見立て(みたて)	川柳(せんりゅう)	繰る(くる)
町人(ちょうにん)	士農工商(しのうこうしょう)	武士(ぶし)	御自分(ごじぶん)
拙者(せっしゃ)	人数(にんずう)	浪人(ろうにん)	刀(かたな)
売り食い(うりぐい)	儒者(じゅしゃ)	武蔵坊(むさしぼう)	手間(てま)
本領(ほんりょう)	機微(きび)	皮肉(ひにく)	雷(かみなり)
形見(かたみ)	本降り(ほんぶり)	雨宿り(あまやどり)	娯楽(ごらく)

四十八文字(しじゅうはちもじ)	文句(もんく)	語(かた)り継(つ)ぐ	幼(おさな)い
一寸(いっすん)	針(はり)	天井(てんじょう)	長談義(ながだんぎ)
安物買(やすものが)い	銭失(ぜにうしな)い	戒(いまし)め	手近(てぢか)な
世渡(よわた)り	術(すべ)(術(じゅつ))	悪口(わるくち)(悪口(わるぐち))	

文型

(1) きびしい身分制度の中にありながらも、経済的な力を得て、自(みずか)らの文化を作り出していた。

- うちは貧(まず)しい**ながらも**、家族の仲はいいし、幸せだ。
- 悪口をいわれ**ながらも**少しも怒らない。
- あの俳優は若い**ながらも**、非常に演技力(えんぎりょく)がある。
- 体格はりっぱ**ながらも**どこかもろいところがある。

(2) 自分がそういうことをすれば人に笑われたりいやがられたりすると思って、……

- このごろは暑かっ**たり**寒かっ**たり**して気候が不順(ふじゅん)です。
- 海で泳い**だり**砂浜(すなはま)でねころん**だり**して遊びました。
- とん**だり**はね**たり**、元気な子供だな。
- 好きなものを飲ん**だり**食べ**たり**、楽しい時間をすごした。

熟語

安物買(やすものが)いの銭失(ぜにうしな)い

13

第十三課

木の根

和辻哲郎

1

成長を欲するものはまず根を確かにおろさなくてはならぬ。上に伸びることをのみ欲するな。まず下に食い入ることに努めよ。

2

早年にして成長のとまる人がある。根をおろそかにしたからである。四十に近づいて急に美しい花を開き、豊かな果実を結ぶ人がある。下に食い入ることに没頭していたからである。

私の知人にも理解のいい頭と、感激の強い心臓と、よくたつ筆とを持ちながら、まるで労作を発表しようとしない人がある。彼は今生きることの苦しさに圧倒せられて、自分のようなものは生きる値うちもないとさえ思っている。しかし、それは彼の根が一つの地殻に突き当たって、それを突破する努力に悩んでいるからである。やがてその突破が実現せられた時に、どのような飛躍が彼の上に起こるか。― 私は彼の前途を信じている。根の確かな人から貧弱な果実が生まれるはずはない。

3

古来の偉人には雄大な根の営みがあった。それゆえに彼らの仕事は、味わえば味わうほど深い味を示してくる。

現代には、たとい根に対する注意が欠けていないにしても、ともすればそれが小さい植木鉢のなかの仕事に堕していはしないか。いかにすれば珍しい変種ができるだろうかとか、いかにすれば予定の時日の間に注文通りの果実を結ぶだろうかとか、すべてがあまりに人工的である。

天を突こうとするような大きな願望は、いじけた根からは生まれるはずがない。偉大なものに対する崇敬は、また偉大なる根に対する崇敬であることを考えてみなければならぬ。

4

根のためには、できるならば、地の質を選ばなくてはならぬ。

果実のためには、できるならば、根をつちかう肥料を選ばなくてはならぬ。根に対する情熱を鼓吹し、その根の本能的に好むところの土壌のありかを教え、そうして、幾千年来堆積している滋養分をその根に供給してやるのが教育の任務である。

5

教養は培養である。それが有効であるためには、まず生活の大地に食い入ろうとする根がなくてはならぬ。

人々はあまりに根の本能を忘れていはしないか。いかに尊い肥料が加えられても、それを吸収する力のない所では何の役にも立たない。私は教養の機会と材料とがわれわれの前に乏しいとは思わない。ただそれに相当する根が小さいのを恐れる。

なんじの根に注意を集めよ。

作者：和辻哲朗(わつじ　てつろう・1889-1960)

哲学者、評論家、小説家。兵庫県(ひょうごけん)生まれ。東京帝大哲学科卒。『偶像再興(ぐうぞうさいこう)』『日本古代文化』『風土(ふうど)』『夢のさめぎは』『盲人(もうじん)』など。

漢字の読み方

欲(ほっ)する	食(く)い入(い)る	努(つと)める	早年(そうねん)
豊(ゆた)かな	果実(かじつ)	没頭(ぼっとう)	知人(ちじん)
感激(かんげき)	心臓(しんぞう)	労作(ろうさく)	圧倒(あっとう)
地殻(ちかく)	突破(とっぱ)	努力(どりょく)	実現(じつげん)
飛躍(ひやく)	前途(ぜんと)	貧弱(ひんじゃく)	古来(こらい)
偉人(いじん)	雄大(ゆうだい)	営(いとな)み	植木鉢(うえきばち)
堕(だ)す	変種(へんしゅ)	願望(がんぼう)	崇敬(すうけい)
肥料(ひりょう)	鼓吹(こすい)	土壌(どじょう)	幾千年来(いくせんねんらい)
堆積(たいせき)	滋養分(じようぶん)	供給(きょうきゅう)	任務(にんむ)
培養(ばいよう)	大地(だいち)	尊(たっと)い(尊(とうと)い)	吸収(きゅうしゅう)
乏(とぼ)しい			

文型

(1) 上に伸びることをのみ欲するな。

・今日は天気が悪いからどこへも行くな。

・私が来てもよいと言うまでは決して来るな。

・あまり人をばかにしたようなことは言う**な**。

・『用事(ようじ)のない者ははいる**な**』と部屋の入(い)り口(ぐち)に書いてあった。

・試験に失敗したからって、あまりがっかりする**な**。

(2) それゆえに彼らの仕事は、味わえば味わうほど深い味を示してくる。

・人は金持ちになれ**ば**なる**ほど**けちになるものだ。

・値段(ねだん)が高けれ**ば**高い**ほど**品がよくなります。

・日本では北へ行け**ば**行く**ほど**寒くなります。

・スポーツは練習すれ**ば**する**ほど**上手になります。

(3) たとい根に対する注意が欠けていないにしても、

・何をする**にしても**、要領(ようりょう)が大切(たいせつ)である。

・個人**にしても**、国家全体にしても損である。

・子供をしかる**にしても**、ほめるにしても愛情をもってしないといけない。

14

第十四課

辞書と新聞紙

牧野信一

一

あるところに大層偉い王様がありました。お国は大へんよく治って居りましたが、たった一つ王様にとって心配なことがありました。それは王様には王子様が一人も無いということなのです。王様は常々からこの事を非常に心配して居られました。

ある時王様は国中にお布令を出しました。そのお布令は、人民の中から王様の試験に合格した者を王子として選ぶといふのでした。

このお布令が出るやいなや国中の少年達は、にわかに猛勉強を始めました。街の本屋では学術書は忽ちに売り切れとなりました。街の図書館は早朝から夜半まで一分の隙もなく満員となりました。

公園のブランコは寂しそうに垂れ下って居りました。小川のボートでは蝶がゆっくりと安心して日向の夢に耽って居りました。美しい春の野辺はかすむがまゝに霞がたな引いて、朗らかな空の下にもたれ一人遊んで居るものなどはありませんでした。

二

一月の間で、ラテン語の字引を一語も洩らさず暗記してしまった少年もありました。ギリシャ語の由来、エジプトの象形文字の訓読などを悉く覚えてしまつた少年もありました。大概の少年はお父様から何十冊といふ字引を買って貰いました。ラテン語とギリシャ語と数学と世界の地理と歴史とを知らない者は皆無といってもよい程になりました。

この街に一郎という少年がありました。一郎の家には余計なお金が一文もありませんでした。ですから一郎は一冊の字引を買うことも、図書館へ行くことも出来ませんでした。一郎は学校へ上ったこともないのです。一郎は試験をうけにゆく気はありませんでした。行ったところで、エジプトの文明史さへ知らない自分は勿論恥をかくばかりだ、と思って居りました。

希望をもっている者だけが出るというのなら、一郎は無論行きはしませんでしたが、町の少年は残らずこの試験をうけなければならなかったのです。一郎は随分困って居りましたが—— この場合、いろはの本だって誰一人一郎に借すどころではありませんでしたから—— 何と云つても一郎はふだんのとおりに朝になれば羊を伴れて牧場へ行くより他はありませんでした。

試験はいよいよ明日に迫りました。一郎は朝早く起きて、羊を伴れて野の小径をポツポツと歩いてゆきました。一郎は王子になりたいなどゝいう考えは少しもありませんでしたから—— 一郎の心は空と同じように晴れ渡って居りました。一郎は口笛を吹きながら羊を追って面白く野原を駈け回って居りました。春の花草は絵のやうに咲き乱れて居りました。いつもなら大勢の子供達が遊んで居るのですが、この頃では、この広い野原が一郎ひとりのものになってしまいました。一郎は心ゆくばかりに小鳥の心にもなって高らかに歌をうたったりしました。一郎は悉くのことを忘れてしまって、たゞこうして春の麗かな野辺に座っている身を、無上に喜んで居りました。

三

「一郎さんじゃないか。明日は試験だというのにお前さんは何故勉強しないのだ。」と呼んだのは、いつも一郎を大変可愛がって呉れるお隣りの詩人のおじさんでした。

「ですけれど、僕は書物を一冊も持っていないのです。僕は及第しようなどとも思っていませんから呑気です。―― でも、おじさん何か教えて下さいな。」

「ハッヽヽヽ。」と詩人のおじさんは笑いました。「私に教えて呉れ、冗談じゃないよ。こうして毎日空や花ばかり眺めて暮している私がなんで学問などを知っていよう、街の子供は私の学校時分の先生より、もっと詳しくラテン語を知っているよ。」

「そうですか。僕は又おじさんは何でも知っていると思っていました。」

「おじさんは、たゞ小鳥を眺めることだけを知っているよ。ハッヽヽヽ。」

一郎は詩人のおじさんに面白い歌を教わって、おじさんのギターに合せて野原を踊り廻ったりしました。一郎も詩人のおじさんも余程うたい疲れて野原へごろりと横になりました。その時一郎はおじさんのポケットに何か字の書いてある紙が入っているのを見ましたので「おじさん！そのポケットに入っている紙はなんですか。」とたずねますと、

「あゝこれか。」とおじさんは紙屑をポンと投げ棄てゝ「これは私が今朝パンを買った時包んで呉れた新聞紙だよ。」と云いました。

一郎は何か読んで見たいような気がしているところでしたから、「ちよいと、僕に見せて下さいな。」と云ってそれを拾って読んで見ました。

四

いよいよ試験の日となりました。少年達は毎晩も毎晩も徹夜をしたので目が血走って居りました。それでもまだ書物から目を離すことが出来ないで

歩きながらも読んで居りました。試験場の扉に突き当ってびっくりしたりしました。一郎だけは、せんすべもありませんでしたから、破れたポケツトに両手を突っ込んでポツネンと試験場へ入りました。いつもなら皆があざ笑うのですが、皆な夢中で一郎の居ることなどには気づかなかったものですから、却って一郎は気がのんびりいたしました。

どんな難しき問題が出るかと一同は片唾をのんで待ち構えて居りました。シーザーがローマ遠征に出掛ける朝はブドー酒を何盃飲んだか、などゝいう詳しいことを忘れまいと、そっと爪に「七盃半」という文字を書いて置いた子もありました。

王様は先ず第一の問題を提出しました。

「昨日は何をして暮したか。」

これが第一の問題でした。皆アッと云って驚きました。大勢の少年はかわるがわる答えましたがその答えは皆同じでした。

「私は朝三時から今此処へ来ます迄勉強ばかりしていました。」と。

たゞひとり一郎は恐る恐る、

「私は朝から羊を駈って牧場へゆき、詩人のおじさんと歌をうたいました。」と答えました。

第二の問題は、

「昨日街にはどんな事があったか。」というのでした。

一同は顔を見合せました。何日間というもの書物から目を離したことのない少年達は、だれひとりとして、この容易な問題に答えることが出来ませんでした。

暫くたって一番後方に座っていた一郎が立ち上がって、

「昨日の朝、王様の侍従様はお隣の国へお使いにお出でになりました。それから朝の十時頃第六の通りで荷車が衝突して果物屋の硝子戸をこわしました。」と申し上げました。

「一郎を王子にする。」と王様はおごそかにおっしゃいました。

めでたしめでたし。

作者：牧野信一(まきの　しんいち・1896-1936)

小説家。神奈川(かながわ)県出身。彼の作品は自然主義的な私小説(わたくししょうせつ)の傍流(ぼうりゅう)としてみなされることが多い。「古代(こだい)ギリシャや中世ヨーロッパの古典」に題材(だいざい)を借りた作風(さくふう)によって「ギリシャ牧野」とも呼ばれた中期の幻想的(げんそうてき)な作品で新境地を拓(ひら)いた。神経衰弱(すいじゃく)や不眠症(ふみんしょう)で自殺。享年39才。

漢字の読み方

偉い(えら)	王様(おうさま)	治る(おさま)	居る(お)
王子(おうじ)	常々(つねづね)	国中(くにじゅう)	お布令(ふれい)(お布令(ふれ))
人民(じんみん)	猛勉強(もうべんきょう)	学術書(がくじゅつしょ)	忽ち(たちま)
早朝(そうちょう)	夜半(やはん)(夜半(よなか))	一分(いちぶ)	隙(すき)
垂れ下がる(た、さ)	小川(おがわ)	日向(ひなた)	耽る(ふけ)
野辺(のべ)	霞(かすみ)	朗らかな(ほが)	一月(ひとつき)
字引(じびき)	一語(いちご)	洩らす(も)	暗記(あんき)
由来(ゆらい)	象形文字(しょうけいもじ)	訓読(くんどく)	悉く(ことごと)
大概(たいがい)	お父様(とうさま)	皆無(かいむ)	余計な(よけい)
一文(いちもん)	随分(ずいぶん)	伴れる(つ)	牧場(ぼくじょう)
迫る(せま)	小径(こみち)	口笛(くちぶえ)	駈け回る(か、まわ)
麗かな(うらら)	無上(むじょう)	何故(なぜ)	呉れる(く)
及第(きゅうだい)	呑気(のんき)	冗談(じょうだん)	余程(よほど)
紙屑(かみくず)	新聞紙(しんぶんし)	拾う(ひろ)	徹夜(てつや)

血走る(ちばしる)	扉(ドア)(扉(とびら))	突き当る(つきあたる)	夢中(むちゅう)
却って(かえって)	片唾(かたず)	爪(つめ)	此処(ここ)
迄(まで)	駈る(かる)	暫く(しばらく)	後方(こうほう)
侍従(じじゅう)	お出で(い)になる	荷車(にぐるま)	衝突(しょうとつ)
果物屋(くだものや)	硝子戸(がらすど)		

文型

(1) このお布令が出るやいなや国中の少年達は、にわかに猛(もう)勉強を始めました。

· 帰宅する**や否や**洗面所で新しい水着(みずぎ)に着替(きが)えた。

· 椅子(いす)に座る**や否や**戦争について彼が熱く語り出した瞬間(しゅんかん)、私は心が騒(さわ)いだ。

· 賭(か)けマージャン報道(ほうどう)が出る**やいなや**、今度はスピード辞職(じしょく)に至(いた)った。

· シートベルト着用サインが消える**や否や**ビールで心を落ち着けながら機内映画に没頭(ぼっとう)する。

(2) せんすべもありませんでしたから、破れたポケットに両手を突(つ)っ込(こ)んでポツネンと試験場へ入りました。

· もはやなす**すべもありません**。

· 改善(かいぜん)を訴(うった)える**すべもありません**。

· 悔(くや)しさや悲しみを表現する**すべもない**。

· 身長はどれくらいか、髪は伸ばしているのか知る**すべもない**。

(3) 王様はおごそかにおっしゃいました。めでたしめでたし。

· 彼の指揮のもと、**厳かに**演奏された。

· 審判(しんぱん)がやや**厳かに**「プレー！」と叫び、南(みなみ)スーダン史上初(しじょうはつ)の野球試合が始まった。

· 神社で**厳かに**長男の結婚式が進む中、長男の子供時代からこれまでを思い出した。

· 平和祈念式典(へいわきねんしきてん)が**厳かに**挙行(きょこう)された。

文熟語

一分(いちぶ)の隙(すき)もない

15

第十五課

日本文化の根底にあるもの

石田英一郎

「日本文化は雑種文化である。」などと、よく評論家が言います。確かに現象的には、そのように評されても、あながちまちがいであるとは言い切れません。たとえば、日本人は、神社の拝殿の前でかしわ手を打ったその手で、仏像にも合掌します。クリスチャンでもない人々が、クリスマスのパーティーを行っています。

このような現象は、日本人の性格や物の考え方に大きくかかわっています。日本人は、古来、珍しいもの、役に立つものは、精力的に採り入れてきました。しかし、日本人がすべての外来文化を無差別に受容し模倣したと考えるのは事実に反します。かつて、日本人は、漢字や仏教、その他もろもろの大陸文化を輸入しましたが、その、一見、盲目的な追随と模倣の裏には、案外、根強い抵抗と選択が行われていたと考えます。たとえば仏教にしても儒教にしても、それぞれ、インド・中国に発生したそのままのものではなく、日本人の生活に適応するように変容させました。わたしは、こうした過程の中に、何か民族の個性・主体性といったものを感ぜずにはおられません。

このような外来文化の摂取のしかたは、民族としての独立性を前提として可能になったものであると考えます。そして、独立性の保持を可能にしたものは、日本列島の置かれた特殊な地理的・歴史的条件によるものです。周囲が海であるということが、異民族の侵入や征服を防ぐことができました。

したがって、この大陸から隔離された島国の中で、雑種文化と言われながらも、独自の文化の形成が容易であったわけです。

ところで、文化というものは、先にも触れたように、民族の性格や物の考え方、つまり民族の個性が色濃く反映しているものです。ここで、ある一つの民族の個性がいつできたのかという問題を、個人の持つ個性にたとえて考えてみましょう。かなり多くの心理学者や人類学者は、個人の一生を通じて変わりにくい、いわばコア(核心)になるようなパーソナリティー(個性)は、人間の幼少年期に形成されると言っています。そして、いったん形成されたコア・パーソナリティーは、その個体の死に至るまで存続するとも言っています。

したがって、民族の個性の形成の問題は、その民族が民族として形成された特定の時代の状況にまでさかのぼって理解すべきでしょう。

それでは、いったいいつごろから、日本民族としてわれわれの識別しうる民族集団が現れたのでしょうか。たとえば奈良朝時代[①]には、明らかに文献が残っていますし、この時代のことばが今日の日本語と連なることも、その当時の日本人が今日の日本人の先祖であることも、疑う人はいないと思います。しかし、もっとさかのぼって、どこまで日本人の祖先が確認できるかという問題になると、わたしは考古学者の言う弥生式文化の時代を、一つの大きな手がかりとして考えています。

この弥生時代は、内わに見積もって、紀元前二百年ごろからほぼ紀元後三百年ぐらいまで、約五世紀の長さを占めています。われわれがこの時代に確認できる大きな事実は、二つあります。

その第一は、日本民俗学でも中心問題になっている稲作農耕です。稲作農耕を初めとして、最近の電化時代にはいる直前までの日本の農村生活をささえていた基礎的な生活技術は、ほとんどすべてこの弥生時代の間に完成します。第二は、この時代の人々の話していたことばは、奈良時代から今日まで続いている日本語と同じことばであるということです。

以上の二つの根拠に基づいて、わたしは、弥生時代には、ほぼ確実に今日の日本人と同じ日本人として識別しうる民族が日本列島に住んでいた、と言えると思います。

作者：石田英一郎(いしだ　えいいちろう・1903-1968)

文化人類学者。大阪府生まれ。オーストリアのウィーン大学修了(しゅうりょう)。『桃太郎(ももたろう)の母』『文化人類学(ぶんかじんるいがく)ノート』『人間を求めて』など。

注

① 奈良朝(ならちょう)時代: 710-794。平城京(へいじょうきょう)(奈良)が首都(しゅと)であった85年間の時期。ちなみに、この次は平安京(京都)が首都であった平安時代である。

漢字の読み方

根底(こんてい)	雑種(ざっしゅ)	拝殿(はいでん)	柏手(かしわで)
仏像(ぶつぞう)	合掌(がっしょう)	精力的(せいりょくてき)	採(と)り入(い)れる
無差別(むさべつ)	受容(じゅよう)	模倣(もほう)	仏教(ぶっきょう)
大陸(たいりく)	輸入(ゆにゅう)	追随(ついずい)	根強(ねづよ)い
抵抗(ていこう)	選択(せんたく)	儒教(じゅきょう)	適応(てきおう)
民族(みんぞく)	個性(こせい)	主体性(しゅたいせい)	摂取(せっしゅ)
保持(ほじ)	列島(れっとう)	特殊(とくしゅ)	条件(じょうけん)

侵入(しんにゅう)	征服(せいふく)	隔離(かくり)	島国(しまぐに)
形成(けいせい)	色濃い(いろこ)	反映(はんえい)	人類学者(じんるいがくしゃ)
個人(こじん)	核心(かくしん)	幼少年期(ようしょうねんき)	個体(こたい)
存続(そんぞく)	識別(しきべつ)	集団(しゅうだん)	奈良朝(なら ちょう)
文献(ぶんけん)	今日(こんにち)	連なる(つら)	考古学者(こうこがくしゃ)
弥生式(やよいしき)	見積もる(み つ)	紀元前(きげんぜん)	民俗学(みんぞくがく)
稲作(いなさく)	農耕(のうこう)	直前(ちょくぜん)	農村(のうそん)
基礎的(き そ てき)	技術(ぎじゅつ)	根拠(こんきょ)	基づく(もと)

文型

(1) 個人の一生を通じて変わり**にくい**。

· スパゲッティーはとても食べ**にくい**。

· 歩き**にくそうに**見える。

· なんて書き**にくい**ボールペンだ。

· 彼女の字はとても読み**にくい**ですね。

· フランス語の鼻音(びおん)は発音(はつおん)し**にくい**。

(2) 特定の時代の状況にまでさかのぼって理解す**べき**でしょう。

· やる**べき**ことはちゃんとやりなさい。

· 悪いと思ったらすぐあやまる**べきだ**。

· これは子供の見る**べき**ものではない。

· 食事はしっかり取る**べき**である。

· 美術館といっても名(な)ばかりで見る**べき**ものは何もない。

16

第十六課

友情の杯

星新一

　ある病院の一室。ひとりの老人がベッドに横たわっていた。立派な個室であり、看護婦はずっとつきっきりだった。

　これでわかるように、老人はかなりの財産家であった。もっとくわしくいえば、彼は大きな薬品会社の会長であった。これまで順調で満足すべき人生を送ってきており、功成り名とげた状態といっていい。そのためか、彼は死期の近いことを自分でも知ってはいたが、べつに未練がましいことも口にせず、落ち着いていた。

　老人は横になったまま声を出した。

「なあ……。」

「はい。なんでしょうか。」

　そばの椅子にかけていた若い看護婦は、すぐに答えて立ちあがった。老人は低い声でいった。

「ひとつ、わたしの最後のたのみを聞いてはくれまいか。」

「もちろん、なんでもいたしますわ。だけど、最後だなんておっしゃってはいけませんわ。」

「元気づけてくれる気持ちはありがたいが、もうそう長くないことは、わたしもよく知っているよ。」

「でも……。」

といいかけたが、看護婦はあとどう答えていいかわからず、言葉をにごした。

「困らせてしまったようだな。そんなつもりではなかったのだが。しかし、正直なところ、わたしは充分に人生を楽しみ、けっこう長生きをした。もはや、思い残すこともないのだよ。ただひとつのことを除いて……。」

「なんなのでしょうか。」

彼女は好奇心もあって聞いた。

「べつにむずかしいことはない。それを手伝ってもらいたいのだ。」

「あたしにできることでしたら。」

「入院する時に持ってきた品のなかに、洋酒の古いびんがあったはずだ。さがしてもらいたい。」

看護婦は室のすみのほうへ行き、手に持って戻ってきた。

「これでございますか。ずいぶん古く、ラベルもすっかり変色してしまって……。」

「そう、それだ。ひとくちでいいから、それを飲ませてもらいたいのだ。」

老人は目を細め、高価な秘宝に接するような表情で、びんを見つめた。しかし、看護婦は少し当惑した。

「だけど、お酒はおからだによくありませんわ。」

「飲まなかったからといって、ずっと生きられるというわけでもあるまい。生きているうちに、それを飲みたいのだ。いや、飲まねばならぬのだ。それが最後の望みだ……。」

押し問答が重ねられた。老人のあまりの熱心さに彼女は応答に困り、室を出ていった。担当医に相談に行ったのだろう。やがて、戻ってきていった。

「一杯ぐらいでしたら……。」

一杯ぐらいなら病状も悪化しないというのか、こうなったら好きなようにさせたらいいというのか、いずれの理由からかはわからなかった。

「ああ、それでいい。ありがとう。」

老人はうれしそうだった。洋酒の栓があけられ、小さなグラスにつがれた。それをさし出しながら、彼女はいった。

「なにかいわれがありそうですのね。」

「その話は、飲みながらしよう。しかし、その前に残りの酒を捨て、びんのなかを洗ってくれ。」

看護婦はふしぎがりながらも、それに従った。彼女はきれいになったびんを示しながら聞いた。

「なんだか、ほかの人には一滴も飲まれたくない、といった感じですね。」

「そうなのだ。これは、わたしの結婚を祝って、友人からおくられた酒なのだ。」

「ロマンチックなお話なのでしょうか。」

「そういえるかどうか。」

老人は回想するような表情になって「ずっと昔のことなのだが、入社して以来、わたしには一人のライバルがあった。才能の点でも、わたしと優劣がつけがたい男だった。あるいは、わたしよりすぐれていたかもしれない。若さのためもあり、おたがいに意識し、ことごとに競いあったものだ。仕事に関してだけでなく、会社の創立者の娘との交際も、火花を散らさんばかりに争ったものだ……。」

老人は酒を半分ほど飲み、また話した。

「……創立者は彼のほうを買っていたようだが、娘はわたしのほうに好意を寄せてくれた。それが決め手になったのだろう、わたしが勝利者となった。」

「忘れられない思い出でしょうね。でも、そのお友だちのかたには、さぞがっかりなさったことでしょう。」

「もちろん、そうだ。彼は気が抜けたような、思いつめたような様子で、しばらくは目つきもおかしいほどだった。」

ありふれた恋物語だったが、看護婦はその先を聞きたがった。

「そのかたは、それからどうなさったのでしょうか。」

「社をやめるのではないかと、わたしは思った。他の会社に移っても、いくらでも活躍できる実力の持ち主だったのだから。わたしだったら、そうしただろう。だが、彼はやめなかった。それどころか、ある日わたしの家を訪れ、婚約の成立を祝って、この酒を置いていった。すべてを水に流そうといった態度だったな。」

「和解できてよかったですわね。」

「いや、ただの和解以上だ。それからは、彼は人が変ったようになった。創立者の娘との結婚でわたしのほうが昇進が早くなったわけだが、彼はいつも従順にわたしを立て、じつによく努力してくれた。会社が発展をつづけ、これまでになったのも、彼によるところが非常に大きい。」

老人はグラスをちょっとあげ、感謝の乾杯をするように、残りの酒を少し飲んだ。

「本当にいいお話ですわ。男のかたの友情って、さっぱりとしていて、強くて……。」

「そういえるかどうかが問題なのだよ。彼の性格が、あまりにも急に変りすぎたとは思わないかね。また、その酒をわたしがすぐには飲まず、いままで取っておいた。なぜだろうかと不審には思わないかね。」

老人に注意され、看護婦は少し考えた。そして、病院につとめているせいか、やがてあることに気づいた。彼女は思わずそれを口にした。

「毒……。」

しかし、その時には、すでに老人は残りの酒を飲みほしてしまっていた。

「そう。ということも考えられるわけだよ。薬品会社という商売柄、その気になれば、効果的な毒薬について調べることも、それを入手することも、普通の人よりはずっと簡単にできたのだからな。」

看護婦は眉をひそめ、少しふるえた。

「こわいお話ですのね……。」

「しかし、わたしのほうもその気になれば、モルモットに与えてみることもできた。また、試薬をそろえて、ゆっくり分析して調べることもできる。」

「それで、毒はどうでしたの。」

当然だれでも聞きたいところだった。だが、老人は即答せず、話をずらした。

「この場合、毒を入れた当人は、どんな気持ちになるだろうか。」

「そうですわね、あなたが死ななかったのですから、計画が発覚したことに気がつく。あわてて逃げるかしら。でも、すぐに手配されてしまう。覚悟をきめるか、どんな目にあわされるかと、びくびくしつづけ……。」

彼女は考えながら、ここまで言った。老人はその先を、もどかしそうにひきついだ。

「そんなところだろう。殺人計画の証拠を、相手に渡してしまった形なのだ。なにしろ、わたしに大変な弱味をにぎられたことになる。わたしから逃げることはできず、一生のあいだ、わたしのために必死に働くことになる。」

「殺人計画もいけないけど、かわいそうになってきますわ。どんな人生なんでしょう。こんな残酷なことってないんじゃないかしら。本当にそれをおやりになったの。そうなんでしょうね。事業で成功なさるには、それぐらいのことは……。」

看護婦は非難するような鋭い目つきになった。しかし、老人は首をふった。

「そうきめつけられては困る。わたしは分析をしたとは言っていない。じつは、調べてみなかったのだ。また、このことに関する会話を彼としたことはなかった。その彼も数年前に死んでしまった。つまり、きょうまで毒の有無について、わたしは知らなかったのだ。」

「調べてごらんになる気には…」

「それは大変な賭けだよ。彼が真の友情の持ち主なのか、わたしへの憎悪に燃えた人間なのか。すぐに決定が出てしまう。わたしにはやってみる勇気がなかった。前者の場合には、わたしは彼の崇高な人格の前に恥じつづけねばならず、とてもいっしょに仕事をやって行くことはできない。後者の場合には、わたしは悪魔のような心境になり、復讐のために限りなくこきつかっただろう。あなただったら、どうする。」

「さあ…」

「やはり迷うだろう。わたしもそうだった。迷いつづけでわからないまま、いや、わからないからこそ、親しい友として一生つきあってこられたのではないだろうか。ある時は彼を尊敬し、ある時は彼をあざ笑いたくなり、その交錯のなかで別れることなくつきあいつづけてきた。他人にはわたしたちが無二の仲間に見えたことだろう。しかし、友情のなかにも、こんなものがあるというわけだよ。あるいは、友情とは本来こんなものなのかもしれない。」

「でも、わからずじまいというのも……。」

わからずじまいではない。友情のきずなともいうべきその酒を、いま、わたしが口にした。まもなく答えがわかるだろう……

老人は舌の先でグラスの内側をなめていた。彼女はどう扱ったものかすぐにはわからず、だまって立ちつづけていた。

そのうち老人は苦しそうな様子になった。看護婦の連絡で、担当の医師がかけつけてきて老人に聞いた。

「どうなのです、ご気分は……。」

「いや、もうなにも聞かないでくれ。」

いつもは医師に協力的な老人だったが、いまは答えることをかたくなにこばんだ。病気の発作なのだろうか。酒のアルコール分がやはりいけなかったのか。なぞの解答を知ったことのショックなのか。それとも酒に含まれていた成分のためなのか。それを他人に知られたくないようなふうでもあった。友情の答えは、自分の心に秘めてあの世に持ち去ろうとするかのように……。

医者はどう手当てしていいのかわからず、ためらってから注射をうった。しかし、そのききめもなく、老人の息づかいは弱くなっていった。

看護婦は顔を近づけ、老人の表情からなにかを読みとろうとした。だが、それはあまりにも複雑で、まだ若い彼女の手にあまるものだった。

作者：星新一(ほし　しんいち・1926-1997)

小説家。東京生まれ。東京大学農芸化学科卒。『人造美人(じんぞうびじん)』『セキストラ』『おーい・でてこーい』『きまぐれ指数(しすう)』など。

漢字の読み方

友情(ゆうじょう)	杯(さかずき)	一室(いっしつ)	横(よこ)たわる
個室(こしつ)	看護婦(かんごふ)	財産家(ざいさんか)	薬品会社(やくひんがいしゃ)
順調(じゅんちょう)	満足(まんぞく)	功成(こうな)り名遂(なと)げる	死期(しき)(死期(しご))
未練(みれん)がましい	除(のぞ)く	好奇心(こうきしん)	入院(にゅういん)
洋酒(ようしゅ)	変色(へんしょく)	高価(こうか)	秘宝(ひほう)
当惑(とうわく)	押(お)し問答(もんどう)	応答(おうとう)	担当医(たんとうい)
病状(びょうじょう)	悪化(あっか)	栓(せん)	一滴(いってき)
祝(いわ)う	優劣(ゆうれつ)	競(きそ)い合(あ)う	創立者(そうりつしゃ)
交際(こうさい)	火花(ひばな)	半分(はんぶん)	好意(こうい)
恋物語(こいものがたり)	持(も)ち主(ぬし)	婚約(こんやく)	昇進(しょうしん)
従順(じゅうじゅん)	乾杯(かんぱい)	不審(ふしん)	商売柄(しょうばいがら)

毒薬(どくやく)	試薬(しやく)	分析(ぶんせき)	即答(そくとう)
当人(とうにん)	計画(けいかく)	発覚(はっかく)	手配(てはい)
覚悟(かくご)	証拠(しょうこ)	弱味(よわみ)	必死(ひっし)
残酷(ざんこく)	鋭い(するど)	数年前(すうねんまえ)	有無(うむ)
賭け(か)	真(しん)	憎悪(ぞうお)	決定(けってい)
前者(ぜんしゃ)	崇高(すうこう)	人格(じんかく)	後者(こうしゃ)
悪魔(あくま)	心境(しんきょう)	復讐(ふくしゅう)	尊敬(そんけい)
交錯(こうさく)	無二(むに)	仲間(なかま)	本来(ほんらい)
内側(うちがわ)	様子(ようす)	医師(いし)	協力的(きょうりょくてき)
発作(ほっさ)	解答(かいとう)	成分(せいぶん)	秘める(ひ)
あの世(よ)	手当て(てあ)		

文型

(1) べつに未練がましいことも口にせず、落ち着いていた。

· 言いわけ**がましい**ことばかり言っている。

· 差し出**がましい**口をきく。

· 弁解**がましい**ところはちっともなかった。

· 未練**がましい**ことを言う。

(2)「なにかいわれがありそうですのね。」

· 老人はその先をもどかし**そう**にひきついだ。

· 今にも降ってき**そう**な空模様(そらもよう)ですよ。

・高い本だったけれど、おもしろ**そう**な題だったので、つい買ってしまった。

・永井（ながい）さんはこのごろ暇（ひま）**そう**だから、テニスに誘（さそ）ったら、喜んでやって来ると思うよ。

(3) 看護婦は、ふしぎがりながらも、それに従（したが）った。

・**うれしがらせて**やろう。

・あの人は変わっていますよ。これを見てみんなが**おもしろがって**いるのに、少しも**おもしろがり**ませんから。

・彼は**照れくさがり**もせず彼女にむかって愛嬌を振りまいた。

・あの人は、ほんとうは気がよわいんです。**強がって**いるだけです。

17

第十七課

「である」ことと「する」こと

丸山真男

近代社会における制度の考え方

自由人という言葉がしばしば用いられています。しかし自分は自由であると信じている人間はかえって、不断に自分の思考や行動を点検したり吟味したりすることを怠りがちになるために、実は自分自身のなかに巣食う偏見からもっとも自由でないことがまれではないのです。逆に、自分が「捉われている」ことを痛切に意識し、自分の「偏向」性をいつも見つめている者は、何とかして、ヨリ自由に物事を認識し判断したいという努力をすることによって、相対的に自由になり得るチャンスに恵まれることになります。制度についてもこれと似たような関係があります。

民主主義というものは、人民が本来制度の自己目的化 ―物神化― を不断に警戒し、制度の現実の働き方を絶えず監視し批判する姿勢によって、はじめて生きたものとなり得るのです。それは民主主義という名の制度自体についてなによりあてはまる。つまり自由と同じように民主主義も、不断の民主化によって辛うじて民主主義でありうるような、そうした性格を本質的に持っています。民主主義的思考とは、定義や結論よりもプロセスを重視することだといわれることの、もっとも内奥の意味がそこにあるわけです。

このように見てくると、債権は行使することによって債権でありうるというロジックは、およそ近代社会の制度やモラル、ないしはものごとの判断の仕方を深く規定している「哲学」にまでひろげて考えられるでしょう。

「プディングの味は食べてみなければわからない」という有名な言葉がありますが、プディングのなかに、いわばその「属性」として味が内在していると考えるか、それとも食べるという現実の行為を通じて、美味かどうかがそのつど検証されると考えるかは、およそ社会組織や人間関係や制度の価値を判定する際の二つの極を形成する考え方だと思います。身分社会を打破し、概念実在論を唯名論に転回させ、あらゆるドグマを実現のふるいにかけ、政治・経済・文化などいろいろな領域で「先天的」に通用していた権威にたいして、現実的な機能と効用を「問う」近代精神のダイナミックスは、まさに右のような「である」論理・「である」価値から「する」論理・「する」価値への相対的な重点の移動によって生まれたものです。もしハムレット①時代の人間にとって「to be or not to be」が最大の問題であったとするならば、近代社会の人間はむしろ「to do or not to do」という問いがますます大きな関心事になってきたといえるでしょう。

もちろん、「『である』こと」に基づく組織(たとえば血族関係とか、人種団体とか)や価値判断の仕方は将来とてもなくなるわけではないし、「『する』こと」の原則があらゆる領域で無差別に謳歌されてよいものでもありません。しかし、私たちはこういう二つの図式を想定することによって、そこから具体的な国の政治・経済その他さまざまの社会的領域での「民主化」の実質的な進展の程度とか、制度と思考習慣とのギャップとかいった事柄を測定する一つの基準を得ることができます。そればかりでなく、たとえばある面でははなはだしく非近代的でありながら、他の面ではまたおそろしく過近代的でもある現代日本の問題を、反省する手がかりにもなるのではないでしょうか。

作者：丸山真男(まるやま　まさお・1914-1996)

政治学者。大阪生まれ。東京大学法学部卒。『日本政治思想史研究』『日本の思想』『歴史意識の「古層(こそう)」』など。

注

① ハムレット: シェークスピアの戯曲(ぎきょく)の主人公。

漢字の読み方

制度(せいど)	自由人(じゆうじん)	用(もち)いる	不断(ふだん)
思考(しこう)	行動(こうどう)	点検(てんけん)	吟味(ぎんみ)
怠(おこた)る	巣食(すく)う	偏見(へんけん)	捉(とら)われる
痛切(つうせつ)	偏向(へんこう)	なり得(う)る	相対(そうたい)
恵(めぐ)まれる	民主主義(みんしゅしゅぎ)	自己目的化(じこもくてきか)	物神化(ぶっしんか)
警戒(けいかい)	監視(かんし)	批判(ひはん)	辛(かろ)うじて
本質的(ほんしつてき)	定義(ていぎ)	結論(けつろん)	重視(じゅうし)
内奥(ないおう)	債権(さいけん)	行使(こうし)	規定(きてい)
哲学(てつがく)	属性(ぞくせい)	内在(ないざい)	美味(びみ)
検証(けんしょう)	組織(そしき)	価値(かち)	判定(はんてい)
際(さい)	極(きょく)	打破(だは)	概念実在論(がいねんじつざいろん)
唯名論(ゆいめいろん)	転回(てんかい)	領域(りょういき)	通用(つうよう)
権威(けんい)	機能(きのう)	効用(こうよう)	問(と)う

精神（せいしん）	重点（じゅうてん）	移動（いどう）	最大（さいだい）
関心事（かんしんじ）	基（もと）づく	血族（けつぞく）	人種団体（じんしゅだんたい）
原則（げんそく）	無差別（むさべつ）	謳歌（おうか）	想定（そうてい）
具体的（ぐたいてき）	実質的（じっしつてき）	進展（しんてん）	事柄（ことがら）
測定（そくてい）	得（え）る	基準（きじゅん）	反省（はんせい）

文型

(1) 不断（ふだん）に自分の思考や行動を点検したり吟味したりすることを怠りがちになるために、

・私はこのところ病気**がち**で、家にこもっている。

・冬の朝は、つい学校に遅れ**がち**になります。

・傘は忘れ**がち**であるから、気をつけてください。

(2) プディングの味は食べてみなければわからない。

・早く連絡し**なければ**会え**ない**んです。

・このドアはカードを入れ**なければ**開けられ**ません**。

・遅（おそ）くても午前十時にまで家を出**なければ**、約束（やくそく）の時間に間に合い**ません**。

・この仕事は自分でやってみ**なければ**、その難しさは実感（じっかん）でき**ない**。

18

第十八課

二つの花

野間宏

次第に内の方からしびれている自分の身体のすぐ横に生々と身をのばしはじめるものの力を感じると、彼は、瞬間、自分の身がすぐさま滅び去る身であることを忘れて、なおしばらくの間、身を起そうとした。

すでに夜はあけはなたれているのだ。彼の身をつつむ厚い花びらも、いまは再び蒼白い色につつまれはじめた。夜のあける空全体にわたるすさまじく、壮麗な変化を彼はいまみとどけてきたばかりだった。彼がほこらかに白い花びらを置いていた夜は大きなひびきをたてて、くだけて行った。

そして彼はその予期することの出来なかった夜の去るひびきのなかに、しばらく身をふるわせて、次に起るものを待っていた。彼はそれが自分の死であることを知っていた。彼は死を待ちながら、自分に代わってつづいてこの空を支配するにちがいないすぐ横の赤い小さな花のつぼみの生々とした全身に目をそそいだ。

彼は夜のすべてをなめつくしていた。夜は彼の下に冷たく降り、彼は夜露のただなかに身をもたげて、夜空の重みをはかってきたのである。自分のやわらかい花弁の上にあびて彼は夜を知りつくしていた。そして彼はもはや彼の後に生きるこの赤い花に、後の時間を引き渡すためにしばらく身をたてるのだ。

彼は自分の傍の息づかいが、すでに大きくなってきたのを感じていた。それは全く彼にとっては得体の知れない感じのするものだった。それは不思議にも太陽の下で生々と身体をひらき、呼吸をする。もちろんそれはただ少しばかりその肌の色とはだざわりがちがうというだけで、見たところそれほど、自分と変るところがありそうにも思えなかった。しかしなお目をひらいて注意してみるとそれがすぐ前にかかげている色はやはりあの危険な赤色なのだ。そしてその冷たいなめらかな肌は全く自分のものと似ていながら、まるでちがうものではないか。もちろん彼は目の前のその小さな赤い花を重んじているわけではなかったが、その太陽の同類ともいうべき奴を眺めないではいられなかった。その夜の星々を全く知ることのない奇妙な奴を。

彼の身はそういう間にも、いよいよしびれてきた。彼はやがて緑色をした小さなカブトのような実のなかへその身を埋めなければならなかった。すでにその時間は刻々にせまってきた。しかし彼は最後の力をふるってどこまでも見守っていた。すぐ傍のそのほとんど自分と同じ姿をしているとはいえ、全く得体の知れない不思議なものを。

しかしいまは二つの花が、夜と朝の二つの時刻を同時にもつ時間だった。星はいま死んで行く白い夕顔の命のように、なお真上にかがやいていた。しかし彼はこの自分と全くよく似ていながら自分とは全くちがった、朝顔に会うために生きてきたのかも知れなかった。そして彼は一層大きく身をふるわせた。彼はついに口をひらいた。

「おい、小さいの、まだ、お前は目があかねえのか。……なんだって、そんなに、おずおずとしてるんだ……。」

「目があかない? おずおずしてる? とんでもないこと、いわないでさ。ひっこんでろよ。目はこんなにぱっちりあけてるじゃねえか……、身体はこんなにのびのびと、のばしてるじゃねえか。これが見えねえのかい? いいかげんにしろやい。」

「へッ、なんだな、ひどく、すごいじゃねえか……まあ、いいさ、いきのいいっていうのは、とにかく悪くはないんだからな……」

「あたりまええよ……もっと大きく目をあけて見なよ。いきがよくって、わるいってのは、借金取りか、葬儀屋かってくらいのものだろうよ……。」

「それくらいの口がきけるのなら、この俺の問いに答えることができるだろう。俺はもはやここから、おさらばしなきゃなんねえ、俺はすでに俺の生きていた世界、夜の世界をきわめつくした……、しかし俺はいま、この俺の世界につづいてくる明るい世界が一体どういうものなのか、ただ一つききとりたいものと思いだした。……俺は俺が片端から声をかけた星々の話で太陽という奴が、全く夜の星々と同じ類のもので別にめずらしくもねえ奴だということをきいていたが、ところが実際にそれが目の前にあらわれてみると、その話のようにはとても同じ類のものだなどとは考えられはしない。そこでお前にこいつだけをきいておきたい…… 太陽ってのは一体どんなものなんだ?」

しかし彼のすぐ前の、太陽の明りの方に生々と身をさしのべている赤い花は口をひらかなかった。

「言えねえのか。そんなに太陽の方に生々と身をのばしているのに。」

「…………。」

「言えないのか。」

「俺は太陽を求めている。」

「だから太陽は一体どんなものなんだときいているんじゃねえか。」

「俺は太陽を求めている。」

「だから……。」

「俺は太陽を求めている。」

すでに夜の最後の色が、真上の空から一掃されると、朝の色があたり一面にひろがって行った。夕顔はいよいよその身から血を失って、身を倒した。

作者：野間宏(のま　ひろし・1915-1991)

小説家。兵庫(ひょうご)県生まれ。京都大学仏文科卒。『暗い絵』『真空地帯(しんくうちたい)』『文学の探求(たんきゅう)』など。フランス象徴主義(しょうちょうしゅぎ)の影響、戦後派作家。

漢字の読み方

滅(ほろ)び去(さ)る	再(ふたた)び	蒼白(あおじろ)い	壮麗(そうれい)
予期(よき)	代(か)わる	支配(しはい)	全身(ぜんしん)
夜露(よつゆ)	夜空(よぞら)	花弁(はなびら)	得体(えたい)
呼吸(こきゅう)	重(おも)んじる	同類(どうるい)	奴(やつ)
星々(ほしぼし)	奇妙(きみょう)	緑色(みどりいろ)	刻々(こっこく)に
時刻(じこく)	夕顔(ゆうがお)	真上(まうえ)	朝顔(あさがお)
一層(いっそう)	借金取(しゃっきんと)り	葬儀屋(そうぎや)	俺(おれ)
一体(いったい)	片端(かたはし)	類(たぐい)	明(あか)り
一掃(いっそう)	夕顔(ゆうがお)		

文型

(1) 自分に代わってつづいて、この空を支配する**にちがいない**。

- 今度こそ成功する**にちがいない**。
- そういうことをすると母にしかられる**にちがいありません**。
- そんなことをするのはあの人**にちがいありません**。
- あの成績なら必ず合格する**にちがいない**。
- 子どもたちはあそこにいる**にちがいありません**。

⑵ **そしてその冷たいなめらかな肌は全く自分のものと似ていながらまるでちがうものではないか。**

· それでは**まるで**話がちがいます。

· ビールならのめますが、おさけは**まるで**だめです。

· 彼は、人の前へ出ると、**まるで**元気がなくなる。

· 山の景色は**まるで**絵のようだ。

· 木々(きぎ)は**まるで**急(いそ)ぐかのように落葉(らくよう)し始める。

⑶ **彼はほこらかに白い花びらを置いていた夜は大きなひびきをたてて、くだけていった。**

· 走れば走るほど寂しさは増(ま)し**ていきます**。

· これからもっと寒くなっ**ていきます**。

· 我が子が成長し**ていく**のを見るのは喜(よろこ)ばしい。

· 春一番が吹いてからはどんどん暖かくなっ**ていきます**。

· 王子様がシンデレラを思う心はますます強くなっ**ていく**のでした。

⑷ **俺はすでに俺の生きていた世界、夜の世界をきわめつくした**……。

· 碁(ご)をはじめて六十年、この布石(ふせき)はすべて知り**つくしている**。

· その大噴火(だいふんか)による火山灰(かざんばい)を浴びて周辺の木はすべて枯れ**つくした**。

· 競技(きょうぎ)が終わると彼は全エネルギを出し**つくした**と言ったまま地面(じめん)に伸びてしまった。

· 三十年ぶりに旧友(きゅうゆう)と再会して大(おお)いに話した。いくら語っても語り**つくせない**思いでした。

· ルーブルにはすばらしいものが実にたくさんあるので、一週間や二週間ではとても見**つくせない**。

熟語

夜(よ)が明(あ)ける　　得体(えたい)の知れない

19

第十九課

日本人の季節感

石森延男

少年のころ、わたしの住んでいた家には、から松の生け垣がありました。から松は四メートルばかりの高さで、二十メートルも横隊になって茂っていました。

雪がやっと消えて、春が訪れると、いろいろな木がいっぺんに芽を吹き出します。生け垣のから松も、小さな丸い芽を出します。そのそばに近づいていくと、ぷうんと芽の香がするのです。思わず、から松の芽をつまんでかいでみると、きついにおいが発散して、鼻の穴の奥をくすぐります。わたしは、春を確かめるような気持ちで、幾つも芽を摘み取ったり、手のひらにこすり付けたりしました。そして、木の芽のにおいをかいで季節を感じるなんて、わたし一人だろうと思っていました。

ところが、ある日、わたしが父と野原を散歩したときのことです。野原には、芝草やあかざやえのころぐさ・ひめじょおんなど、さまざまな雑草が生えていました。

「これ、なんだか知っているか。」

父は、一本の野草を取って、わたしの目の前に突き出しました。

「知ってるとも。」

「なんだ。」

「よもぎだよ。」

父は、ちょっと笑ってうなずき、それからこんな話をしてくれたのです。

「草のにおいをかいで、その季節を楽しむのは、昔も今も変わらんな。」

「昔って、いつごろ。」

「大昔からさ。千年も前に清少納言[①]が書いた『枕草子』という本にも出ている。」

「どんなことが。」

「牛車[②]に乗って山里を行く途中、車の輪にふみつぶされたよもぎのにおいがただよってきたというんだよ。」

この話を聞いて、わたしは、清少納言という人が、千年もの歳月を飛び越えて、いっぺんに身近にやってきたように感じました。

それから数年たって、十四、五のころ、父について『枕草子』や『万葉集』[③]を読むようになりました。そうして、これらの中には、季節感が至る所に盛りこまれているのに驚きました。父は、もし日本人の心に、季節感というものが流れていなかったら、日本の文学は味わいの乏しいものになったろう、特に、短歌[④]や俳句などは生まれてこなかったかもしれない、と言いました。

そんなことで、わたしはいつの間にか国文学に取りつかれ、日本の古典といわれるものに触れるようになりました。そうして、触れれば触れるほど、日本人の季節に対する感じ方のこまやかさや鋭さなどに心を引かれるようになったのです。

最近は、ビニールハウスがたくさん作られて、花でも野菜でも果物でも、年がら年じゅう栽培され、収穫されて、いつでも目に触れるようになりました。わたしたちの少年時代は、菊といえば秋であり、トマトといえば夏のものと思っていたものですが、栽培法が進むとともに、花や野菜の季節感もいくらか違ってきたように思われます。そのうえ、道路を造るために、川や畑がうめられ、団地建設のために、山野や森林がけずられてしまい、野鳥の声も遠くなり、木々の緑もまばらになって、四季おりおりの趣も消えていく感じです。

しかし、わたしは、必ずしも悲観はしません。というのは、次々に近代化されていく都市や農村の風景にも、また流行の移り変わりの激しい風俗にも、新しい年中行事の雰囲気にも、今までになかったういういしい季節感を発見するにちがいないと思うからです。

作者：石森延男（いしもり　のぶお・1897-1987）

児童文学者。札幌(さっぽろ)市生まれ。東京高等師範学校(こうとうしはんがっこう)文科卒。『咲(さ)き出(だ)す少年群(しょうねんぐん)』『ひろがる雲』『燕(つばめ)たち』『ふるさとの絵』 など。

注

① 清少納言(せいしょうなごん)(966-1020): 平安時代、日本最初の随筆(ずいひつ)『枕草子(まくらのそうし)』を書いた女流作家(じょりゅうさっか)。

② 牛車(ぎっしゃ): 昔、牛に引かせ、貴人(きじん)の乗った車。

③『万葉集(まんようしゅう)』：先行の歌集から広く歌を集めて、八世紀の後半(七五九年以降)に成立した現存する日本最古の歌集。

④ 短歌: 短歌の一つの形式、五七五七七の五句、三十一音を基準とする。

漢字の読み方

生(い)け垣(がき)	横隊(おうたい)	茂(しげ)る	発散(はっさん)
幾(いく)つ	摘(つ)み取(と)る	野原(のはら)	芝草(しばくさ)
雑草(ざっそう)	野草(のぐさ)(野草(やそう))	大昔(おおむかし)	清少納言(せいしょうなごん)

枕草子	牛車	山里	輪
歳月	万葉集	短歌	年がら年中
栽培	収穫	造る	団地建設
山野	森林	野鳥	趣
悲観	風景	移り変わる	年中行事
雰囲気			

文型

(1) そして、木の芽のにおいをかいで季節を感じるなんて、わたし一人だろうと思っていました。

· こわい**なんて**いうことは、一言も言わなかった。

· 彼女には誠実**なんて**これっぽちもない。

· よく考えもしないでわからない**なんて**言うのは、いけないことだ。

· あれぐらいのことで気を落とす**なんて**情けないですね。

· 親をだます**なんて**悪いことですよ。

(2) 昔って、いつごろ。

· 山田さん**って**どういう人ですか。

· 暴走族**って**何ですか。

· 彼が正直者だ**って**誰が信用するものですか。

· あなた**って**本当にひどい人だね。

(3) 最近は、ビニールハウスがたくさん作られて、花でも野菜でも果物でも、年がら年じゅう栽培され、収穫されて、いつでも目に触れるように

なりました。

· 飲みものはコーヒー**でも**紅茶**でも**何**でも**いいです。

· たばこは、たばこ屋**でも**駅の売店(ばいてん)**でも**売っています。

· のりものは飛行機**でも**船**でも**いいです。

· スポーツはサッカー**でも**水泳**でも**テニス**でも**何でも好きです。

20

第二十課

東京駅

高浜虚子

丸ビルと行幸道路を隔てて近く姉妹館が建つそうである。それはホテルにするという事である。斯くて大玄関の左右の翼が完備することになる。

大玄関に対して東京市の正門は東京駅である。

朝、鎌倉からの私を乗せた汽車が東京駅に著いた時には黒山のような人が一時に改札口に殺到する。(乗車口降車口共に) 尤もそれは汽車の客ばかりではない。同時に著いた電車の客も交って。

それ等の客の中に一人小さい男の子が交っている。洋服を著て、膝から下を露出して、ランドセルを背負って、マスクを掛けて、チョコチョコとそれ等の群衆の中に交っている。まだ幼稚園か、小学校でもたかだか一、二年生であろうと思われるのに、誰もついていない。一人である。それが敏活に大人の間をかいくぐって階段を降りる。忽ちその姿は見えなくなる。やがて又第三ホームの山の手線の電車の階段を上っているのを見る。殆ど毎日のように見る。

それ等の客の群衆は改札口に押し寄せる。ぞろぞろと後から後から来る。まだ人の山を築いておるのに、又電車が著く。吐き出す人は雪崩をうって又改札口に押し寄せる。併し流石に東京駅である。改札口の人の渦は直ちに消え去ってしまう。後から後から来る人は、よく掃除された樋の水のように流れて行く。

改札口を出た人はそこから四散する。女学生かと見えたのが、改札口の駅員にちょっと礼をしてすぐ右手の構内の駅員室に消える。これはやがてその上に黒のガウンを羽織って札売りの窓口に現れるのであろう。

乗車口を降りた人は丸ビルと三菱本館の間を通って行く人もある。また三菱本館の前を左に取る人もある。また目黒行、中渋谷行、新宿行、水天宮行の円太郎[①]に乗る人もある。そしてその多くは丸ビルにはいる人のように見える。

丸ビルには一階に百室、八階で八百室、その一室に平均十人と見て一万人近くの人が毎日出はいりするわけである。それに食堂、売店に出はいりする客を数えたら大変な人になる。

その丸ビルに吸い込まれる人を横切って自動車が駆ける。その自動車は何れも理不尽に駆ける。路行く人を屁の河童と駆ける。だから丸ビルをそこに見ておって、その門口に突進するまでが大変である。命からがらである。

今の三菱村がまだ原であった時分、その原の一隅に今の東京駅が出来た。その頃の東京駅はだだ広くって、旅客があちらに一人こちらに一人、駅員も尋ね廻らねば見当たらぬという状態であった。

「こんな広い不便なものを拵えてどうするつもりであろう。」などという呟きをきいたものだ。それが今はどうであろう。急行の出る前などは旅客が一杯で身動きがならぬ有様である。

「折角作るなら、もうすこし広いものを作って置けばいいのに。」

そんなつぶやきが聞こえるようになった。

そこで乗車口も降車口もそのはいり口が幾度か改造された。(これははいり口ではないが、山の手循環線が出来た時であったが、そのプラットホームに行く階段が作りかえられた。)　はじめ自動車口と人力車口と歩行者口とが区分されたが、それは却って不便なものであった。ついで露天にれん瓦が敷かれた。その部分だけは自動車が闖入しないので危険が少なくなった。が、今度は自動車の客が、雨天の節は雨ざらしにならねばならなかった。そこでその敷かれたれん瓦の一部を掘り起こして、柱を立てて、その上にガラス張りの屋根が設けられた。これで先ず一応は落著いたらしく思われた。

が、この頃又乗車口の一部分の煉瓦を掘り返して、何か工事をやっているのは何事であろう。聞く所によると、これは荘司が二十何万円とかを鉄道省に寄付して、そこの地下に理髪室浴場などを設けることになったのだという事である。

やがて遠からぬうちに東京地下鉄道のステーションがこの東京駅の前に出来るのだとかいう事も聞いた。それも結構である。又この荘司の理髪店も結構である。併しそれ等よりも東京駅と丸ビルを連絡する地下道を作って、われ等をして安心して門から玄関に行き得るようにしてもらい度いものである。二、三人自動車で轢き殺してから、又煉瓦を掘りかえして工事をはじめるよりも、めいめいの命が無事なうちに願い度いものである。

作者：高浜虚子(たかはま　きょし・1874-1959))

俳人。小説家。愛媛県生まれ。正岡子規より虚子という号を授かる。「キョシ」は本名の清(きよし)から由来する。『ホトトギス』の理念となる客観写生を提唱した。高浜虚子の勧めで夏目漱石が『吾輩は猫である』を『ホトトギス』誌上に発表したことは有名である。脳溢血で没する。

注

① 円太郎: 1923年の関東大震災に伴う路面電車網被災後の市内輸送補充策として東京市が応急に導入したバス車両の通称。東京市営バス（現在の都営バス）の源流となった。

漢字の読み方

行幸（みゆき）	隔てる（へだ）	斯く（か）	姉妹館（しまいかん）
大玄関（おおげんかん）	左右（さゆう）	翼（つばさ）	完備（かんび）
正門（せいもん）	鎌倉（かまくら）	著く（つ）	黒山（くろやま）
一時（いちじ）	改札口（かいさつぐち）	殺到（さっとう）	乗車口（じょうしゃぐち）
降車口（こうしゃぐち）	交る（まじ）	それ等（ら）	著る（き）
膝（ひざ）	露出（ろしゅつ）	背負う（せお）	群衆（ぐんしゅう）
幼稚園（ようちえん）	敏活（びんかつ）	殆ど（ほとん）	築く（きず）
雪崩（なだれ）	併し（しか）	流石（さすが）	渦（うず）
直ちに（ただ）	掃除（そうじ）	樋（とい）	四散（しさん）
構内（こうない）	羽織る（はお）	札売り（ふだう）	三菱（みつびし）
目黒（めぐろ）	中渋谷（なかしぶや）	新宿（しんじゅく）	水天宮（すいてんぐう）
円太郎（えんたろう）	横切る（よこぎ）	何れも（いず）	屁の河童（へ かっぱ）
門口（かどぐち）	突進（とっしん）	一隅（いちぐう）	旅客（りょかく）
拵える（こしら）	呟き（つぶや）	有様（ありさま）	折角（せっかく）
幾度（いくど）	改造（かいぞう）	循環線（じゅんかんせん）	人力車口（じんりきしゃぐち）
歩行者口（ほこうしゃぐち）	区分（くぶん）	露天（ろてん）	煉瓦（れんが）
闖入（ちんにゅう）	雨天の節（うてん せつ）	雨ざらし（あま）	掘り起こす（ほ お）
柱（はしら）	ガラス張り（ば）	屋根（やね）	設ける（もう）

一応（いちおう）	荘司（しょうじ）	鉄道省（てつどうしょう）	寄付（きふ）
理髪室（りはつしつ）	浴場（よくじょう）	結構（けっこう）	轢く（ひく）
無事（ぶじ）			

文型

(1) **尤も**それは汽車の客ばかりではない。

・旅行にはみんな参加する。尤も行かない人も二、三いるが。

・**尤も**あまり長すぎても困る

・**尤も**そういう点で優（すぐ）れた作品が日本には出ていない。

・**尤も**実際の場合がこの方式に当てはまるとは限らないが。

(2) 路行く人を**屁の河童**と駆ける。

・彼なら**屁の河童**と言って引き受けてくれるだろう。

・そんなことは**屁の河童**だ。

・優勝（ゆうしょう）するのは**屁の河童**だ。

・彼には時間の観念（かんねん）がなく、一時間遅れることなど**屁の河童**だ。

(3) その頃の東京駅は**だだ広くって**、

・一人暮らしなのに**だだびろい**蚊帳（かや）だ。

・家具も何もない20畳（じょう）の**だだびろい**部屋。

・グランドキャニオンの**だだっぴろい**キャップ場で一泊（いっぱく）した。

・まるで森のようなイギリスの**だだっ広い**公園。

21

第二十一課

火鉢

夏目漱石

「こころ」などによって知られる夏目漱石の小品である。原稿用紙にしてたった六枚余の作品でありながら、ここには一つの世界があって、漱石を思わせる主人公とその家族に、私たち読者の心は知らず知らずのうちに寄り添っていってしまう。そうして読み終えると、交響曲を一曲聴き終わった時のような感動が残っているのを覚える。

目が覚めたら、昨夜抱いて寝た懐炉が腹の上で冷たくなっていた。硝子戸越しに、廂の外を眺めると、重い空が幅三尺[①]ほど鉛のように見えた。胃の痛みはだいぶとれたらしい。思い切って、床の上に起き上がると、予想よりも寒い。窓の下には昨日の雪がそのままである。

風呂場は氷でかちかち光っている。水道は凍り着いて、栓が利かない。ようやくのことで温水摩擦を済まして、茶の間で紅茶を茶碗に移していると、二つになる男の子[②]が例の通り泣き出した。この子は一昨日も一日泣いていた。昨日も泣き続けに泣いた。妻にどうかしたのかと聞くと、どうもしたのじゃない、寒いからだという。仕方がない。なるほど泣き方がぐずぐずで痛くも苦しくもないようである。けれども泣くくらいだから、どこか不安なところがあるのだろう。聞いていると、しまいにはこっちが不安になってくる。時によると小憎らしくなる。大きな声で叱りつけたいこともあるが、何しろ、叱るには余り小さ過ぎると思って、つい我慢をする。一昨日も昨日もそうであったが、今日もまた一日そうなのかと思うと、朝から心持ちがよくない。胃が悪いのでこのごろは朝飯を食わぬ掟にしてあるから、紅茶茶碗を持ったまま、書斎へ退いた。

火鉢に手をかざして、少し暖まっていると、子供は向こうの方でまだ泣いている。そのうち掌だけは煙が出るほど熱くなった。けれども、背中から肩へかけてはむやみに寒い。ことに足の先は冷えきって痛いくらいである。だから仕方なしにじっとしていた。少しでも手を動かすと、手がどこか冷たいところに触れる。それが刺にでも触ったほど神経に応える。首をぐるりと回してさえ、頚の付け根が着物の襟にひやりと滑るのが堪え難い感じである。自分は寒さの圧迫を四方から受けて、十畳の書斎の真ん中にすくんでいた。この書斎は板の間である。椅子を用いべきところ③を、絨緞を敷いて、普通の畳のごとくに想像して座っている。ところが敷き物が狭いので、四方とも二尺がたは、つるつるした板の間がむき出しに光っている。じっとしてこの板の間を眺めて、すくんでいると、男の子がまだ泣いている。とても仕事をする勇気が出ない。

ところへ妻がちょっと時計を拝借と入って来て、また雪になりましたという。見ると、細かいのがいつの間にか、降り出した。風もない濁った空の途中から、静かに、急がずに、冷刻④に、落ちて来る。

「おい、去年、子供の病気で、暖炉を焚いた時には炭代がいくら要ったかな。」

「あの時は月末に二十八円払いました。」

自分は妻の答えを聞いて、座敷暖炉を断念した。座敷暖炉は裏の物置に転がっているのである。

「おい、もう少し子供を静かにできないかな。」

妻はやむをえないというような顔をした。そうして、いった。

「お政さんがお腹が痛いって、だいぶ苦しそうですから、林さんでも頼んで見てもらいましょうか。」

お政さんが二、三日寝ていることは知っていたがそれほど悪いとは思わなかった。早く医者を呼んだらよかろうと、こっちから促すように注意すると、妻はそうしましょうと答えて、時計を持ったまま出て行った。襖を閉てるとき、どうもこの部屋の寒いことといった。

まだ、かじかんで仕事をする気にならない。実をいうと仕事は山ほどある。自分の原稿を一回分書かなければならない。ある未知の青年から頼まれた短篇小説を二、三篇読んでおく義務がある。ある雑誌へ、ある人の作を手紙を付けて紹介する約束がある。この二、三ヶ月中に読むはずで読めなかった書籍は机の横にうずたかく積んである。この一週間ほどは仕事をしようと思って机に向かうと人が来る。そうして、皆何か相談を持ち込んでくる。その上に胃が痛む。その点からいうと今日は幸いである。けれども、どう考えても、寒くておっくうで、火鉢から手を離すことができない。

すると玄関に車を横付けにしたものがある。下女が来て長沢さんがおいでになりましたという。自分は火鉢のそばにすくんだまま、上目遣いをして、入って来る長沢を見上げながら、寒くて動けないよといった。長沢は懐中から手紙を出して、この十五日は旧の正月⑤だから、是非都合してくれとか何とかいう手紙を読んだ。相変わらず金の相談である。長沢は十二時過ぎに帰った。けれども、まだ寒くてしようがない。いっそ湯にでも行って、元気をつけようと思って、手拭いを提げて玄関へ出掛かると、御免くださいという吉田に出っくわした。座敷へ上げて、いろいろ身の上話を聞いていると、吉田はほろほろ涙を流して泣き出した。そのうち奥の方では医者が来て何だかごたごたしている。吉田がようやく帰ると、子供がまた泣き出した。とうとう湯⑥に行った。

湯から上がったら初めて暖かになった。せいせいして、家へ帰って書斎に入ると、洋灯が点いて窓掛け⑦が下りている。火鉢には新しい切り炭がいけてある。自分は座布団の上にどっかりと座った。すると、妻が奥から寒いでしょうといって蕎麦湯[⑧]を持って来てくれた。お政さんの容体を聞くと、ことによると盲腸炎になるかもしれないんだそうですよという。自分は蕎麦湯を手に受けて、もし悪いようだったら、病院に入れてやるがいいと答えた。妻はそれがいいでしょうと茶の間へ引き取った。

妻が出て行ったらあとが急に静かになった。まったくの雪の夜である。泣く子は幸いに寝たらしい。熱い蕎麦湯をすすりながら、あかるい洋灯の下で、継ぎ立ての切り炭のぱちぱち鳴る音に耳を傾けていると、赤い火気が、囲まれた灰の中でほのかに揺れている。時々薄青い焔が炭の股から出る。自分はこの火の色に、初めて一日の暖か味を覚えた。そうしてしだいに白くなる灰の表を五分ほど見守っていた。

作者：夏目漱石(なつめ　そうせき・1867-1916) *11과 참조

注

① 三尺: 一尺は、約三十センチメートル。

② 二つになる男の子: 数え年であることに注意。

③ 用いべきところ: 漱石独特の語法。「用うべきところ」に同じ。

④ 冷刻: 漱石独特の用字法。一般には、「冷酷」と書く。

⑤ 旧の正月: 陰暦一月一日は陽暦の二月中旬になる。

⑥ 湯: 銭湯。公衆浴場。前に「風呂場」が出ていることに注意。薪代を考えると銭湯の方が安くあがるのである。

⑦ 窓掛け: カーテン。

⑧ 蕎麦湯: そばをゆでた湯。そば粉を入れた湯。お茶のようにして飲む。

漢字の読み方

火鉢(ひばち)	小品(しょうひん)	原稿用紙(げんこうようし)	余(あまり)
交響曲(こうきょうきょく)	一曲(いっきょく)	抱く(だ)	懐炉(かいろ)
硝子戸越し(がらすどご)	廂(ひさし)	幅(はば)	鉛(なまり)
床(ゆか)	風呂場(ふろば)	氷(こおり)	温水摩擦(おんすいまさつ)
茶の間(ちゃま)	茶碗(ちゃわん)	一昨日(おととい)	小憎らしい(こにく)
我慢(がまん)	朝飯(あさめし)	掟(おきて)	書斎(しょさい)
退く(しりぞ)	掌(てのひら)	煙(けむり)	刺(とげ)
頚(頸)(くびくび)	付け根(つね)	襟(えり)	滑る(すべ)
堪え難い(たがた)	圧迫(あっぱく)	十畳(じゅうじょう)	板の間(いたま)
絨緞(じゅうたん)	拝借(はいしゃく)	冷刻(れいこく)	暖炉(だんろ)
焚く(た)	炭代(すみだい)	月末(げつまつ)	座敷(ざしき)
断念(だんねん)	物置(ものおき)	促す(うなが)	襖(ふすま)
閉てる(た)	悴む(かじか)	書籍(しょせき)	横付け(よこづ)
下女(げじょ)	上目遣い(うわめづか)	懐中(かいちゅう)	都合(つごう)
是非(ぜひ)	手拭い(てぬぐ)	提げる(さ)	身の上話(みうえばなし)
洋灯がつく(ランプ)	窓掛け(まどか)	切り炭(きずみ)	座布団(ざぶとん)
蕎麦湯(そばゆ)	容体(ようだい)	盲腸炎(もうちょうえん)	継ぎ立て(つた)
火気(かき)	囲む(かこ)	揺れる(ゆ)	薄青い(うすあお)

焔(ほのお)　　炭(すみ)の股(また)　　暖(あたた)か味(み)　　見守(みまも)る

文型

⑴ 今日もまた一日そうなのかと思うと、朝から心持(こころも)ちがよくない。

・これでおしまいなの**かと思うと**、なにか空(むな)しくなる。

・このまま別れるの**かと思うと**、寂しくてたまらない。

・また泣き出すの**かと思うと**、もういやになった。

・いつも約束を守らないの**かと思うと**、腹が立つ。

・明日もまたそうなのだろう**かと思うと**、やる気が出ない。

⑵ 背中(せなか)から肩へかけてはむやみにさむい。

・春から夏へ**かけて**雨の日が多い。

・頭から足に**かけて**むやみに痛い。

・十月下旬(げじゅん)から十一月上旬(じょうじゅん)に**かけて**は紅葉がきれいです。

・肩から足に**かけて**心地よく按摩(あんま)をしてくれた。

・一年生から四年生に**かけて**法律の勉強ばかりしてきた。

⑶ その点からいうと今日は幸いである。

・彼の意見**からいうと**この計画は成功しそうだ。

・あの問題**からいうと**これはやさしいものである。

・ふだん考えていること**からいうと**それは常識的ではない。

・その点**からいうと**彼女はすこしも変っていない。

熟語

時による　　やむをえない　　ことによると

22

第二十二課

狐物語

林芙美子

四国のある山の中に、おもしろい狐がすんでいました。いつも、ひとりで歩くことが好きでしたが、ある雨の日、いつものように餌をあさってぼつぼつ歩いていますと、男の子が四、五人がやがや話しながら山を下っていました。

狐は、時々人間をみたことがあったし、人間は二本の足で立って歩いているので、狐は珍らしくて仕方がないのです。狐のおかあさんは、「人間のところへ行くとひどいめにあうから、人間のところへぜったいに近づいてはいけませんよ。」と、いつもいうのですけれど、狐は、人間の姿がおかしくて仕方がなかったし、第一、ひょろひょろと、立って歩いているのがおかしくてしかたがないのです。狐は子供たちのうしろからそっとついて行きました。

「このへんは六兵衛狐の出るところだぞ。」

一人の子供がいいました。

「昼間から出ることはないだろう。」

また一人の子供がいいました。

「昼間でも雨が降っているから出るかもしれん。」

また、もう一人の子供がいいました。

時々、とおくで雷が鳴っています。子供たちは、何となく気味がわるくなったのでしょう、歩いていた子供たちは、ふっと足をとめて耳をそばたてました。すると、一人の子供がふいに後をふりかえって、狐をみました。

「あッ、狐が出おったぞッ。」

子供たちはびっくりして、まるで豆がはぜたようなすさまじい勢いで、走って山を下りはじめました。狐もびっくりしました。どうしてあんなに子供達がさっと走って行ったのだろうと思いました。雨の降るなかを、狐もぬれながら、子供たちの後を追いかけてゆきました。

細い山道をいくまがりもして、やっと、人間の通るらしい道の近くへ来ますと、山の田圃ぞいのところで、大きい牛がもうもうとないていました。

狐は自分たちよりも大きい動物をみて、しばらくあきれて眺めていました。何て大きいのだろう……。お尻は箱のように四角くて、骨ばっていたし、たれさがった腹や脚が泥だらけです。そしておもしろいことには、大きい鼻の穴にまあるいかんをつけて太い紐がついていました。

狐はおずおず牛の前へ行って、ていねいに頭をさげました。牛はびっくりして狐を見ました。

「あなたはいったい、どなたさまですか。」

と、狐がききました。

牛は正直者でしたから、わたしは、桑助さんの家の牛で、赤兵衛というものだとこたえました。狐は王様のようだと感心しました。

「そうですか、わたしは山の中から来た六兵衛という狐ですが、このさきへは行かれますか。」

と、たずねてみました。

「ええ行かれますとも、道はどこまでもつづいていて、にぎやかな河口までつづいていますよ。」

と、教えてくれました。

狐はていねいにあいさつをして、雨の中を歩きました。しばらく行くと、小さい村がありました。村のとっつきの家では、鶏が三びきほど遊んでいました。狐は何も彼も珍らしくて仕方がありません。これは何というものだろうと思いました。それで、また、ていねいに頭をさげますと、三びきのあわてものの鶏はけたたましくなきたてて鶏小舎の屋根へ飛び上ってゆきました。

すると、家のなかから、おそろしく背の高いおじいさんが棒を持って出て来ました。

「これッ、狐の奴め、お前、うちのとりを食うつもりだなッ。」

狐はびっくりしました。鶏なんか一度も食べた事がないのに、この人間は妙な事をいうと思ってぼんやりしていますと、こおンと固い音をたてて狐は額をいやというほどなぐられてしまいました。思わず尻餅をついているところを、狐はとうとう人間につかまってしまって、木箱の中へいれられてしまいました。

その晩、人間たちはこんなことを話しあっていました。

「六兵衛狐というのはひどい奴で、五作さんの家からかえる時、おれはおこわめしをみやげにもらっていたンだが、祖谷を下る途中、とうとう六兵衛に化かされて、おこわめしをぬすまれて、ひでえめにあったよ。」

「おれも、この六兵衛には痛いめにおうたぞ、妙正寺の番僧に化けて、おれから財布をとりあげて、あげくのはてに、河の中へつきおとされてしまったものな……。」

六兵衛狐は、箱の中で、こんな話をきいていてびっくりしました。人間というものは何という嘘つきなのだろうと思いました。

六兵衛狐は、いままでにまだ一度も里へ降りたことはなかったし、第一、人間のようなかしこい動物を、化かしたりなぞしたことは一度もなかったのです。

人間はおかしなことをいうものだと思いました。昼間、頭をなぐられたところに、大きなこぶが出来て、それが痛くて仕方がありません。山の中へ早くかえりたいと思いました。こんな嘘つきのところにいると何をされるかしれないので、狐はだんだんこわくなってしまいました。

「おれのところでは、鶏をもう二度も六兵衛に食われっちまったンだからな……。」

「狐ぐらい動物のうちで悪い奴はないのう。あれは魔物だからなア。雨の降る晩は、かならず山に灯をつけてからかうし、ろくな事をせんぞ。二三日、六兵衛はひぼしにして、腹をきれいに干して、いっぺん狐汁でもしてみんなで食おうじゃないか。」

「うん、狸汁はうめえそうだが、おれは、狐汁というのは始めてだ……。」

狐はびっくりしました。急にお母さんがなつかしくなり、涙をいっぱいためて息をころしていました。

夜が更けてから、狐は一生懸命に箱の蓋をもちあげてみました。石でものっかっているとみえて、蓋を持ちあげるたび、ごろっごろっと石が少しずつ動いている様子です。狐は根気よく蓋を持ちあげて、とうとう長いことかかって扇子がたに、箱の蓋をずらすことが出来ました。そっと首を出しますと、あたりはうすぐらいのです。かすかに障子の破れから月の光がさしている様子なので、狐はやっとの思いで土間へはい出す事が出来ました。

人間はとてもおそろしい動物だとお母さんがいっていたけれど、本当だと思いました。だから、自分達の仲間は昼間は穴の中にひっこんでいて、人間に見つからないようにしているのだなと思いました。

狐は土間へ出て、縁の下からそとへ出ることが出来ました。まんまるいお月様が高くのぼって、山の方でなつかしい梟の啼く声がしています。

祖谷の山々が、こんもりとしていて、六兵衛よ、お母さんがとても心配しているから、早くかえっておいでといっているようにみえました。狐は急におなかがへってきましたし、頭のこぶは、しいたけみたいに大きくもりあがっていてとても熱をもっていました。

よろよろと歩いていますと、ある家のところで、もう、もう、もう、と、牛が啼いていました。

「ああ、桑助さんの家の赤兵衛さんだな。」と、狐が牛小舎の前へ来て「こんばんわ。」と声をかけました。

すると、眠れないでいたとみえて、赤兵衛は口をもぐりもぐりうごかしながら、

「ああ、こんばんわ。どうしました。河口まで行ってみたのかね。」

と、やさしく牛はたずねるのです。

狐はひどいめにあって、いままで箱の中にいた話をしますと、

「それは気の毒でしたね。人間というものは何とも勝手なもので、わしらのようなものまで、尻をひっぱたくのだからいやになるのさ。わしだって、たまには、からだのだるい時もあるのだが、何にしても、一日も無駄にはやすませてくれないでねえ……無理な仕事をする時、わしは時々、泣くこともあるのさ。いくらこんな生まれあわせだといっても、これも神さまの思し召しで、こんなものに生まれてきているのだもの、一つだってわしは悪いこともしたことはないのに、尻をぴしりツぴしりツとむちでなぐられる時は、つくづく泣きたくなってしまうよ。生まれあわせで仕方がないけど、お前さんのように身軽に山の中で自由に住める身がうらやましいさ……。」

と、いいます。狐も何だか牛がかわいそうで仕方がありませんでした。

「ほんとに赤兵衛さん、そうですね。わたしたちだって、人間だって、そうながくは生きられないのだから、嘘なんかいわないで、たいらに世の中をくらしたら、それが一番いいですね。あなたは、さっきから口をもぐもぐしていますが、何をたべているンですか。」

「別に何もたべてはいないのですよ。夕方たべたわらをいま食べなおして、胃からもどしているンです。」

「今夜はいい月夜ですね。」

「ああ、わたしは夜が一番楽しみです。人間がねてしまうと、もうわたしはひとりで何を考えてもいいのですからね。尻をひっぱたく人もないし、一番楽々とします。」

狐はほろりとしました。こんなに王様のようなからだをしていても、自

分たちよりつらいことがたくさんあるのだなと同情しました。

「わたしは、このまま山へかえってしまえば、もう二度と里へはおりて来ませんけれど、元気でいて下さい。そのかわり、夜夜中に、山の上で、わたしは時々うたをうたってあげましょう。ああ、あの時の六兵衛狐は元気だと思って下さい。――ほら、かすかに梟がないているでしょう。あの木のそばにわたしの巣があるのです。きっときいて下さい……。」

六兵衛狐は、気のいい正直者の牛と別れて、淋しい山道を祖谷の山の中へいそいそと登ってゆきました。

「ああ助かってよかった。何といっても自分の天地が一番いい。おかあさんはどんなに喜んでくれるだろう。」

六兵衛は腹のへったのも忘れて、まるで飛ぶようにしてお山へかえりました。昼間の雨はからりと晴れて、まるで昼のように明るいお月様が山や森を照らしています。

それから毎晩、狐は里に近い岩鼻の上に出て、赤兵衛にきこえるように、「こおーん、こんこん、こおーん、こんこん。」となきました。晴れた夜は、村じゅうに、六兵衛のなく声がよくひびいてきこえたそうです。

作者：林芙美子(はやし・ふみこ、1903-1951)

小説家。本名フミコ。彼女は『貧乏を売り物にする素人小説家』『たった半年間のパリ滞在を売り物にする成り上がり小説家』『軍国主義を太鼓と笛で囃し立てた政府お抱え小説家』など、いつも批判の的になっていた。しかし、戦後の六年間は戦に打ちのめされた日本人の悲しみを、ただひたすらに書きつづけた波乱万丈な人生だった。

漢字の読み方

餌（えさ）	下る（くだ）	六兵衛狐（ろくべえぎつね）	昼間（ひるま）
後（うしろ）	気味（きみ）	勢い（いきお）	田圃（たんぼ）

脚(あし)	泥(どろ)	紐(ひも)	桑助(そうすけ)
赤兵衛(あかべえ)	河口(かこう)	鶏(にわとり)	何(なに)も彼(か)も
鶏小舎(とりごや)	尻餅(しりもち)	木箱(きばこ)	五作(ごさく)
祖谷(いや)	化(ば)かす	妙正寺(みょうしょうじ)	番僧(ばんそう)
財布(さいふ)	河(かわ)	魔物(まもの)	灯(あかり)
狐汁(きつねじる)	狸汁(たぬきじる)	蓋(ふた)	根気(こんき)
扇子型(せんすがた)	土間(どま)	梟(ふくろう)	啼(な)く
牛小舎(うしごや)	思(おぼ)し召(め)し	身軽(みがる)に	楽々(らくらく)
夜夜中(よるよなか)	岩鼻(いわはな)		

文型

(1) いつものように餌(えさ)をあさってぼつぼつ歩いていますと、

· 野良猫(のらねこ)がごみ箱**をあさって**いた。

· 生(なま)ごみを**あさる**烏(からす)

· 古本屋と古着屋(ふるぎや)を**あさる**のが好きです。

· 歴史に関する本を端(はな)から読み**漁る**。

(2) いっぺん狐汁でもしてみんなで食おうじゃないか。

· **いっぺん**死んでみる。

· **いっぺん**やってみる。

· **一遍に**注文をさばききれない。

· 通り**一遍の**あいさつ。

熟語

尻餅（しりもち）をつく　　夜（よ）が更（ふ）ける

23

第二十三課

筧の話

梶井基次郎

私は散歩に出るのに二つの路を持っていた。一つは渓に沿った街道で、もう一つは街道の傍から渓に懸った吊橋を渡って入ってゆく山径だった。街道は展望を持っていたがそんな道の性質として気が散り易かった。それに比べて山径の方は陰気ではあったが心を静かにした。どちらへ出るかはその日その日の気持が決めた。

しかし、いま私の話は静かな山径の方をえらばなければならない。

吊橋を渡ったところから径は杉林のなかへ入ってゆく。杉の梢が日を遮り、この径にはいつも冷たい湿っぽさがあった。ゴチック建築のなかを辿ってゆくときのような、犇と迫って来る静寂と孤独とが感じられた。私の眼はひとりでに下へ落ちた。径の傍らには種々の実生や蘚苔、羊歯の類がはえていた。この径ではそういった矮小な自然がなんとなく親しく——彼らが陰湿な会話をはじめるお伽噺のなかでのように、眺められた。また径の縁には赤土の露出が雨滴にたたかれて、ちょうど風化作用に骨立った岩石そっくりの恰好になっているところがあった。その削り立った峰の頂にはみな一つ宛小石が載っかっていた。ここへは、しかし、日がまったく射して来ないのではなかった。梢の隙間を洩れて来る日光が、径のそこここや杉の幹へ、蝋燭で照らしたような弱い日なたを作っていた。歩いてゆく私の頭の影や肩先の影がそんななかへ現われては消えた。なかには「まさかこれまでが」と思うほど淡いのが草の葉などに染まっていた。試しに杖をあげて見るとささくれまでがはっきりと写った。

この径を知ってから間もなくの頃、ある期待のために心を緊張させながら、私はこの静けさのなかをことにしばしば歩いた。私が目ざしてゆくのは杉林の間からいつも氷室から来るような冷気が径へ通っているところだった。一本の古びた筧がその奥の小暗いなかからおりて来ていた。耳を澄まして聴くと、幽かなせせらぎの音がそのなかにきこえた。私の期待はその水音だった。

どうしたわけで私の心がそんなものに惹きつけられるのか。心がわけても静かだったある日、それを聞き澄ましていた私の耳がふとそのなかに不思議な魅惑がこもっているのを知ったのである。その後、追いおいに気づいていったことなのであるが、この美しい水音を聴いていると、その辺りの風景のなかに変な錯誤が感じられて来るのであった。香もなく花も貧しいのぎ蘭がそのところどころに生えているばかりで、杉の根方はどこも暗く湿っぽかった。そして筧といえばやはりあたりと一帯の古び朽ちたものをその間に横たえているに過ぎないのだった。「そのなかからだ」と私の理性が信じていても、澄み透った水音にしばらく耳を傾けていると、聴覚と視覚との統一はすぐばらばらになってしまって、変な錯誤の感じとともに、訝かしい魅惑が私の心を充たして来るのだった。

私はそれによく似た感情を、露草の青い花を眼にするとき経験することがある。草叢の緑とまぎれやすいその青は不思議な惑わしを持っている。私はそれを、露草の花が青空や海と共通の色を持っているところから起る一種の錯覚だと快く信じているのであるが、見えない水音の醸し出す魅惑はそれにどこか似通っていた。

すばしこく枝移りする小鳥のような不定さは私をいらだたせた。蜃気楼のようなはかなさは私を切なくした。そして深秘はだんだん深まってゆくのだった。私に課せられている暗鬱な周囲のなかで、やがてそれは幻聴のように鳴りはじめた。束の間の閃光が私の生命を輝かす。そのたび私はあっあっと思った。それは、しかし、無限の生命に眩惑されるためではなかった。私は深い絶望をまのあたりに見なければならなかったのである。何という錯誤だろう！私は物体が二つに見える酔っ払いのように、同じ現実から二つの表象を見なければならなかったのだ。しかもその一方は理想の光に輝かされ、もう一方は暗黒の絶望を背負っていた。そしてそれらは私がはっきりと見ようとする途端一つに重なって、またもとの退屈な現実に帰ってしまうのだった。

筧は雨がしばらく降らないと水が涸れてしまう。また私の耳も日によってはまるっきり無感覚のことがあった。そして花の盛りが過ぎてゆくのと同じように、いつの頃からか筧にはその深秘がなくなってしまい、私ももうその傍に佇むことをしなくなった。しかし私はこの山径を散歩しそこを通りかかるたびに自分の宿命について次のようなことを考えないではいられなかった。

「課せられているのは永遠の退屈だ。生の幻影は絶望と重なっている。」

作者：梶井基次郎(かじい　もとじろう・1901-1932)

小説家。大阪出身。川端康成の宿へ通って囲碁を教わり、川端の『伊豆(いず)の踊子(おどりこ)』の刊行の校正を手伝った。『檸檬(れもん)』『冬の蝿(はえ)』『桜の樹(き)の下には』『のんきな患者』などがある。小林秀雄(こばやしひでお)が『中央(ちゅうおう)公論(こうろん)』で「檸檬」をはじめとした基次郎の作品を賞賛(しょうさん)した。文壇(ぶんだん)に認められてまもなく、肺結核(はいけっかく)で没した。

漢字の読み方

筧(かけひ)	渓(たに)	沿(そ)う	街道(かいどう)
吊橋(つりばし)	山径(やまみち)	易(やす)い	陰気(いんき)
杉林(すぎばやし)	梢(こずえ)	遮(さえぎ)る	犇(ひし)と
静寂(せいじゃく)	傍(かたわ)ら(傍(そば))	種々(しゅじゅ)	実生(みしょう)
蘚苔(せんたい)	羊歯(しだ)	矮小(わいしょう)な	陰湿(いんしつ)な
お伽噺(とぎばなし)	径(みち)の縁(ふち)	赤土(あかつち)	雨滴(うてき)
風化作用(ふうかさよう)	骨立(ほねだ)つ	岩石(がんせき)	恰好(かっこう)(格好(かっこう))
削(けず)り立(た)つ	宛(ずつ)	射(さ)す	隙間(すきま)
洩(も)れる	日光(にっこう)	幹(みき)	蝋燭(ろうそく)
淡(あわ)い	試(ため)し	杖(つえ)	氷室(ひむろ)(氷室(ひょうしつ))
冷気(れいき)	小暗(こぐら)い	澄(す)ます	幽(かす)かな
惹(ひ)く	魅惑(みわく)	辺(あた)り	錯誤(さくご)
根方(ねかた)	一帯(いったい)	古(ふる)び朽(く)ちる	澄(す)み透(とお)る
訝(いぶ)かしい	充(み)たす	露草(つゆくさ)	草叢(くさむら)
惑(まど)わす	錯覚(さっかく)	醸(かも)し出(だ)す	似通(にかよ)う
枝移(えだうつ)り	不定(ふてい)	蜃気楼(しんきろう)	深秘(じんぴ)
課(か)す	暗鬱(あんうつ)	幻聴(げんちょう)	束(つか)の間(ま)
閃光(せんこう)	輝(かがや)かす	無限(むげん)	眩惑(げんわく)

物体(ぶったい)	酔っ払い(よっぱらい)	表象(ひょうしょう)	暗黒(あんこく)
途端(とたん)	退屈(たいくつ)	涸れる(かれる)	花の盛り(はなのさかり)
佇む(たたずむ)	宿命(しゅくめい)	幻影(げんえい)	

文型

(1) 私はこの静けさのなかをことにしばしば歩いた。

· バラの花が**殊に**好きだ。

· 今年は**殊に**作柄(さくがら)がよくない。

· **殊に**サッカーが好きだ。

· **殊に**よろしく。

(2) 心がわけても静かだったある日

· 兄弟でよく遊ぶが、**わけても**弟と気が合う。

· 古典音楽がすきだが、**わけても**モーツァルトが好きだ。

· **わけても**彼の貢献(こうけん)が大きい。

· **別けても**春が好きだ。

(3) その後追いおいに気づいていったことなのであるが

· 高齢(こうれい)になると身体機能は**追い追いに**低下していきます。

· **追い追いに**分かってくると思います。

· 日本の人口も**追い追いに**減少(げんしょう)していくことが予測(よそく)される。

· この問題は**追い追いと**説明します。

24

第二十四課

朝鮮とその芸術・序[1]

柳宗悦

私は最初この書の表題に「朝鮮を想う」と題したのである。之が私の心持ちを現わすのに最も応わしい題だったのである。然し書肆の所望によって「朝鮮とその芸術」と改題した。それは朝鮮の芸術を取り扱った部分が多いからである。然しかく題する時、それによって聯想される誤解を避ける為に、多少の注意を添えようかと思う。

表題は一見すると朝鮮美術史の研究を示す様にとれる。然しかかる歴史的研究と本書とは全く目的を異にする事を明白にせねばならぬ。前者は学的攻究であるが、私がここに披瀝しようとするのは、思想であって学術ではあらぬ。思慕であって説明ではあらぬ。時間の上に現われた芸術への叙述ではなく、心の現われとしての美術への理解である。科学的に攻究するものの報告ではなく、芸術を愛するものの洞察である。私が認めて美に対する本質的理解と見做すものに触れようとしたのである。

単なる学的叙述は美の本質をまで解く事は出来ぬ。私にとっては現わされた作品の客観的攻究が主題ではない。その作品を通じて民族の心理に触れようとしたのである。私は目下の所朝鮮民族の運命と直接交渉を持たぬ「ものの見方」に興味を持たぬ。私は二、三の朝鮮美術史に詳しい人々を知っている。私はいつもそれ等の人々の知識を尊敬するが、同時にそれ等の人々が作者たる民族に対して冷淡なのに驚かされる。その研究は全く自己の知識を満足させるが為の努力であって、朝鮮の価値を守護し闡明しようとする希願ではあらぬ。況んやその民族の運命が如何になろうが少しも関与する所があらぬ。知識は正しくとも心情は非常に冷たい。かかる人々の中にあって、私の異なる見方は存在すべき積極的理由を持つと考えている。読者は此本から知識と名づけ得べき程のものを殆ど汲む事は出来ぬ。だが多量な心情をその酬いに得る事は出来るであろう。

読者も知る通り、之は私が過去三年間に時に応じて書いた断片的思想の輯録である。最初から計画した著述ではないが故に、屡々同一の思想が反復するのに倦むかもしれぬ。然し反復せられた個所は恐らく私の言おうとする所の、最も強い一面であるにちがいない。私はその反復の為に此著書の価値を引き下げる事はなかろうと思う。且つよき読者は却ってそこから何ものかを汲みとってくれるであろう。私は此本に於て、問題の解決を呈供しようとするのではない。朝鮮学に於て、又は政治学に於て何等専門の学識を持たない私が、恐らく為し得る凡ては只読者に朝鮮に対する情愛を誘おうとするにある。私は人情の温かさを信じ、そこに於て果たされる心と心との内なる理解の確かさを信じている。

此本の読者には必ずや朝鮮人もあるであろう。それ故私はそれ等の友に、嘗て私が率直に開陳した私の思想を略述して、此序文を結ぼうと思う。

私が過日或特殊な会合に招かれて、朝鮮に関する講演を終わった時、聴衆の一人が起って、日本がその領土に向かって加える圧迫に就いて、激しい憤怒の情を述べた。私はそれを聞き終わった時、実に弁明すべき一語が私にないのを知って、胸の絞られるのを感じた。よしそれ等の事の一切が写実でないとしても、私はまだ不完全な日本人の一人として、それを弁解すべき資格が無いと云う事を反省した。然しその人の顔が興奮して苦痛に暗くなっているのを見た時、私は思わずも起ち上がって次の見解を述べた。

「私は一言の弁疏を加える資格と意志とを持たない。私は無言のままに貴方がたの言葉を受ける。そうして述べられた事が写実であるなら、尚更私は日本が正しい日本となる様に今後努力しよう。貴方がたは日本をどこ迄も疑うかも知れぬ。だが私は未来の日本を信じている。そうして貴方がたの苦痛と暗い気持ちとが光ある一面に転廻される日を信じている。私は空論を説くのではない。私は明晰な三個の理由によって、それが必ず果たされる事を信じている。私は私の信念を貴方がたの前に陳述しよう。そうして若し私の云う事が真実であるなら、貴方がたは現在の苦痛を越えて希望を未来に抱き得るであろう。且つ又私達に対する憎悪の念を柔らげて下さる事が出来るであろう。私をしてかかる希望を持たせる三個の根拠とは何々であるか。

第一は自由への思慕、及びその確立、之が現に世界思潮の本流となっていると云う事実である。此流れは今非常に強い。之は人間に許された正しい理想であるから死滅する事は決してあるまい。古い幾つかの勢いは之に抗しようとしているが、日に日に何れも倒れて行く。そうして人間に賦与された自由の本質が、漸くその本来の意義を現わして来た。世界の凡ての人類は今此理想に向かって戦っている。経済や軍力による支配はもう昔の力を盛り返す事は出来ぬ。たとえ日本が一人その趨勢を阻止しようとしても、それは徒労に過ぎない。

果たして日本は世界の思潮に遅れる様な愚を為すであろうか。私はそうは思わぬ。如何なる国も正しい世界思潮より、より強い力を持たぬ。剣も力であろう、然し真理は尚強い力だ。貴方がたはたとえ日本を信じなくとも、人類の思想を信じるであろう。

此信念は貴方がたの絶望をもう一度覆えす力はないであろうか。憤怒に自らを殺してはいけない。かくするかわりに健実に自らを養って、人類と共に未来の王国を建てねばならぬ。之は私達に於てもそうである。貴方がたに於ても同じである。自由への無限な思慕、此普遍な趨勢は人類の未来への力強い基礎とならないだろうか。之よりも明らかな希望への保証があり得るだろうか。

第二に私は若い日本の人々を信じている。貴方がたはそれを知らないかもしれぬ。然しここでは思想が激変している。政治によって代表された日本と、若い思想の日本と、如何に明確な差別があるであろう。貴方がたの憎しみの的となっているのは前者である。然しかかる日本のみが凡ての日本だと思うなら非常な錯誤である。まもなく貴方がたの前に時間はその光景を廻転するのであろう。

現に私は若い非常に多くの日本の人々が、朝鮮の友であると云う事を知っている。私の如きものを只一人の除外例だと思って下さってはいけない。私達は貴方がたに対して何等の先天的憎悪を持たない。私達はいつも政治の日本によって、日本を代表せられる事に迷惑を感じる。

日本人と貴方がたの敵とを同一に見てはいけない。若い者は貴方がたを理解する事を準備している。それはもはや時間の問題に過ぎない。此事を、熟知して下さるなら、不幸な憎悪に貴重な時を費やす事を幾分かは少なくして下さるであろう。私は若い日本が貴方がたの友である事をどうしても信じないわけにはゆかぬ。

第三は最も深い強い根柢である。私はここに正義そのものの力を指して云うのだ。真理そのものが凡ての運命を決定すると私は信じているのだ。若しも貴方がたが云う様に、真に日本が悪いなら、かかる日本はいつか亡滅する。悪は最後の捷利者となる力を持たぬ。ここに正義そのものの力が出て、日本の誤謬を正さずにはおかないであろう。

悪しきものは正しきものに勝つ事は出来ぬ。之は道徳界に於ける淘汰の法則である。それは進化の原則ではないか。私は道徳律を疑う事が出来ぬ。法則を破り得る日本の存在は許されておらぬ。それなら貴方がたの運命を殺し得る日本がどこにあるのだ。

よし日本を疑っても道徳律をまで疑ってはならぬ。私は永続する悪がないと云う事を確信する。況んや日本の若い人々は日本を真理の国に高めようとして努力している。

私は日本に生まれた一人として、悪の為に亡びてゆく日本を見るに忍び得ない。私は正義の上に日本が安泰せられる日を熱望する。私達は貴方がたから誹られる前に、それ等の事を自身に於て反省しよう。若し私達がその反省を怠るなら、私達は当然陥るべき滅亡に自らを導かねばならぬ。私は真理が最後に一切を審く力だと信じている。此信念こそは人類の未来を保証する最も大きな確かな根柢ではないか。

若しも私達の日本が罪を犯しているなら、私はそれに対する凡ての非難に耳を傾ける誠実を持とう。然し過去のそれ等の事実によって、日鮮の間にある未来の保証が絶望であると速断する事は出来ぬ。私は以上の三個の確実な基礎に立って、吾々の幸いな未来を信じている。

私達にとっても貴方がたにとっても今は危機である。互いに自らを慎んで真理への信念を失わぬ様にしよう。卑下や憎悪に互いを殺さずに、生命の価値を互いに確立しよう。その望みが少しもないなら、世界は暗黒である。然し暗黒だと判じるにしては、前述の三つの根拠は余りに強く余りに確かではないか。之が私の答え得る凡てである。」

私も興奮し是等の言葉を言い終って、その友を顧みた時、その人も点頭いてくれるかの様に見えた。一人の朝鮮人は立って私に温かみある感謝の挨拶を述べてくれた。傍にいた一人の印度人が特に第三の点に於て全然私に一致すると云う考えを力強く述べた。私も云いたい事を言い終え心に釈放を覚えた。

朝鮮の人達よ、今は一国の精神的運命に関わる大切な時期である。新しい出発の為に不変な基礎を準備せよ。よく熟慮し反省し、深くその使命を意識せよ。独立を仰望する前に大人格の出現を仰望せよ。何事よりも先に偉大な科学者を出し、偉大な思索家を産み、偉大な芸術家の出現を熱望せよ。真と美と善とを除いて、朝鮮を永遠ならしめる基礎はないと深く悟れよ。不平の時間を出来るだけ少なく持ち、勉励の時間を出来るだけ多くせよ。耐え忍び自暴自棄になってくれるな。

君達は基督の云った言葉を覚えているだろう。終わり迄忍ぶ者は救われるのだ。悲しむ者は慰められるのだ。世界は君達の敵ではないのだ。況んや神は君達の運命を守護する事を忘れてはいないのだ。

日本の同胞よ、剣にて起つものは剣にて亡びると、基督は云った。至言の至言だ。軍国主義を早く放棄しよう。弱者を虐げる事は日本の名誉にはならぬ。彼等の精神を尊び肉体を保証する事が友誼であると深く覚れよ。他人を卑下する事に何の誇りがあろう。愛する友を持つ事は吾々の名誉だ。だが奴隷視する者を持つ事は吾々の恥辱だ。他人を蔑り卑しみ虐げる事に少しでも時間を払ってくれるな。弱者に対する優越の快感は動物に一任せよ。吾々は人間らしく活きようではないか。自らの自由を尊重すると共に他人の自由をも尊重しよう。若しも此人倫を踏みつけるなら世界は日本の敵となるだろう。そうなるなら亡びるのは朝鮮ではなくして日本ではないか。

東洋は結合しなければならぬ。然し結合と征服による統一とを混同してはならぬ。個性と個性との互いの認許によって、敬念と理解と愛情とが湧くのだ。相互の愛が結合の基礎だ。之に反して排斥と征服とこそは憎悪の基礎だ。私は此不備な著書が、尚幾分なりかかる結合の出発に人を誘う縁となる事を切に希う。

作者：柳宗悦(やなぎ　むねよし・1889-1961)

宗教哲学者。民芸研究家。民芸運動を起こした思想家、美学者でもある。東京生まれ。名前はしばしば「そうえつ」と読まれ、欧文においても「Soetsu」と表記される。1919年3月1日に朝鮮半島で勃発した三・一独立運動に対する朝鮮総督府の弾圧に対し、「反抗する彼らよりも一層愚かなのは、圧迫する我々である」と批判した。1922年、朝鮮総督府庁舎を建設する際に光化門の取り壊しが検討されたが、柳宗悦らの働きかけで保存されることとなった。1924年、京城に朝鮮民族美術館を設立した。

注

① 朝鮮とその芸術・序: 1922年に刊行された『朝鮮とその芸術』の序の一部である。1910年日本による韓国の植民地化が行われた時、それに抗議し、真の友好を説いた一連の文章を収めている。柳の民芸運動は朝鮮とその

芸術との出会いの中に胚胎（はいたい）したと言われる。本文は『柳宗悦全集』第六巻による。

漢字の読み方

芸術（げいじゅつ）	序（じょ）	表題（ひょうだい）	想（おも）う
題（だい）する	之（これ）	応（ふさ）わしい	然（しか）し
書肆（しょし）	所望（しょもう）	改題（かいだい）	聯想（れんそう）
異（こと）にする	攻究（こうきゅう）	披瀝（ひれき）	思慕（しぼ）
叙述（じょじゅつ）	洞察（どうさつ）	見做（みな）す	目下（もっか）
交渉（こうしょう）	冷淡（れいたん）	守護（しゅご）	闡明（せんめい）
希願（きがん）	況（いわ）んや	如何（いか）に	関与（かんよ）
異（こと）なる	此本（このほん）	汲（く）む	酬（むく）い
過去（かこ）	断片的（だんぺんてき）	輯録（しゅうろく）	計画（けいかく）
著述（ちょじゅつ）	故（ゆえ）に	屢々（しばしば）	反復（はんぷく）
倦（う）む	且（か）つ	於（おい）て	呈供（ていきょう）
何等（なんら）	学識（がくしき）	為（な）し得（う）る	凡（すべ）て
只（ただ）	情愛（じょうあい）	誘（さそ）う(誘（いざな）う)	内（うち）なる
嘗（かつ）て	率直（そっちょく）	開陳（かいちん）	略述（りゃくじゅつ）
過日（かじつ）	或（ある）	特殊（とくしゅ）	会合（かいごう）
招（まね）く	聴衆（ちょうしゅう）	起（た）つ	領土（りょうど）

憤怒(ふんぬ)	絞(しぼ)る	興奮(こうふん)	起(た)ち上(あ)がる
一言(ひとこと)	弁疏(べんそ)	無言(むごん)	尚更(なおさら)
貴方(あなた)	転廻(てんかい)	空論(くうろん)	説(と)く
明晰(めいせき)	陳述(ちんじゅつ)	若(も)し	抱(いだ)き得(う)る
憎悪(ぞうお)	思潮(しちょう)	此(この)	死滅(しめつ)
抗(こう)する	賦与(ふよ)	漸(ようや)く	盛(も)り返(かえ)す
趨勢(すうせい)	阻止(そし)	徒労(とろう)	愚(ぐ)を為(な)す
剣(剣)(つるぎ けん)	覆(くつがえ)す	自(みずか)ら	健実(けんじつ)
普遍(ふへん)	保証(ほしょう)	激変(げきへん)	的(まと)
廻転(かいてん)	如(ごと)く	除外例(じょがいれい)	熟知(じゅくち)
貴重(きちょう)	費(つい)やす	幾分(いくぶん)	根柢(こんてい)
亡滅(ぼうめつ)	捷利者(しょうりしゃ)	正義(せいぎ)	誤謬(ごびゅう)
正(ただ)す	悪(あ)しきもの	淘汰(とうた)	道徳律(どうとくりつ)
永続(えいぞく)	滅(ほろ)びる	忍(しの)び得(え)ない	安泰(あんたい)
熱望(ねつぼう)	誹(そし)る	陥(おちい)る	導(みちび)く
審(さば)く	犯(おか)す	日鮮(にっせん)	速断(そくだん)
吾々(われわれ)	慎(つつし)む	卑下(ひげ)	暗黒(あんこく)
判(はん)じる	是等(これら)	顧(かえり)みる	点頭(うなず)く(頷(うなず)く)
力強(ちからづよ)い	釈放(しゃくほう)	一国(いっこく)	熟慮(じゅくりょ)

使命（しめい）	仰望（ぎょうぼう）	大人格（だいじんかく）	出現（しゅつげん）
思索家（しさくか）	悟る（さと）	不平（ふへい）	勉励（べんれい）
耐え忍ぶ（た・しの）	自暴自棄（じぼうじき）	基督（キリスト）	慰める（なぐさ）
同胞（どうほう）	至言（しげん）	放棄（ほうき）	弱者（じゃくしゃ）
虐げる（しいた）	名誉（めいよ）	彼等（かれら）	尊ぶ（とうと）
友誼（ゆうぎ）	覚る（さと）	誇り（ほこ）	奴隷視（どれいし）
恥辱（ちじょく）	蔑る（あなど）	卑しむ（いや）	優越（ゆうえつ）
快感（かいかん）	一任（いちにん）	活きる（い）	尊重（そんちょう）
人倫（じんりん）	結合（けつごう）	征服（せいふく）	混同（こんどう）
認許（にんきょ）	敬念（けいねん）	湧く（わ）	相互（そうご）
排斥（はいせき）	誘う（いざな）	希う（こいねが）	

文型

(1) 読者も知る通り、之は私が過去三年間に時に応じて書いた短篇的思想の輯録である。

· 予算（よさん）**に応じて**作ります。

· 力**に応じて**出題（しゅつだい）された問題だから、できるはずである。

· 人は必要**に応じて**単語（たんご）を覚えてゆくのである。

· それぞれの学力（がくりょく）**に応じて**の指導（しどう）のしかたがあるはずである。

· 組合側（くみあいがわ）は、要求**に応じた**回答が得られなかった場合は、ストライキに突入（とつにゅう）すると発表した。

⑵ 朝鮮学に於て、又は政治学に於て何等専門の学識を持たない私が、

・こんなことをしても、**なんら**得るところが**ない**。

・私とは**なんら**関係が**ない**。

・彼は**なんら**恥じるところが**ない**。

・今度の長官も**なんら**変わり映えがし**ない**。

・**なんら**の報告も受けてい**ない**。

⑶ 私が過日或特殊な会合に招かれて、朝鮮に関する講演を終った時、

・彼は労働法**に関して**は第一人者である。

・彼はいろいろな事柄**に関して**興味をもっている。

・日本に駐在している外国人は、それまで日本語**に関して**はその大多数(だいたすう)が文盲(もんもう)であった。

・このような問題**に関して**の質問が非常に多く出た。

・家では仕事**に関する**話は一切しない。

⑷ 日本がその領土に向かって加える圧迫に就いて、激しい憤怒の情を述べた。

・今、船は南**に向かって**航海(こうかい)しています。

・それは天**に向かって**つばを吐くようなものだ。

・病人(びょうにん)**に向かって**なんて事を言うんだ。

・そのとき、わたしは家路(いえじ)**に向かって**いた。

⑸ 私をしてかかる希望を持たせる三個の根拠とは何々であるか。

・この事件は、彼**をして**言わしめれば、すべてわたしの責任だそうだ。

・心ある人**をして**協力せしめたのは、彼の人徳(じんとく)によるところが大である。

・いかに国家の危機だからとて、学生**をして**出陣(しゅつじん)せしめるようなことがあってはならない。

(6) 之に反して排斥と征服とこそは憎悪の基礎だ。

· 人はしばしば自分の理性**に反して**、衝動的に動くことがある。

· 期待**に反して**、オリンピックで金メダルはとれなかった。

· 子供が成長するの**に反し**、親は次第に体力が衰えてゆく。

· 人はやむをえず自分の意志**に反する**ような行動をとる場合がある。

일본 명문 감상

초판 발행 2013년 2월 28일
개정판 발행 2021년 12월 30일
개정판 2쇄 발행 2024년 3월 29일

지은이 한국외국어대학교 일본언어문화학부 교재편찬위원회
발행인 박연관
기획 신선호
편집장 장혜정
도서편집 박미현
디자인 최재영
인사행정 이근영
재무회계 김문규
전자책·사전 이지현
캐릭터 변혜준
발행처 한국외국어대학교 지식출판콘텐츠원
02450 서울특별시 동대문구 이문로 107
전화 02)2173-2494~7
FAX 02)2173-3363
홈페이지 http://press.hufs.ac.kr
전자우편 press@hufs.ac.kr
출판등록 제6-6호(1969. 4. 30)
인쇄·제본 (주)케이랩 053)583-6885

ISBN 979-11-5901-880-0 [13730] 정가: 15,000원

* 잘못된 책은 교환하여 드립니다.

HUiNE 은 한국외국어대학교출판부의 어학도서, 사회과학도서, 지역학 도서 Sub Brand이다. 한국외대의 영문명인 HUFS, 현명한 국제전문가 양성(International+Intelligent)의 의미를 담고 있으며, 휴인(携引)의 뜻인 '이끌다, 끌고 나가다'라는 의미처럼 출판계를 이끄는 리더로서, 혁신의 이미지를 담고 있다.